石油教材出版基金资助项目

高等院校特色规划教材

化工热力学和物理性质实验

郭绪强 孙 强 李兴洵 编

石油工业出版社

内 容 提 要

本书从化工实验基础入手，系统介绍了流体热力学性质和物理性质的各种测定技术，主要内容包括温度、压力的标定，各种相平衡测定方法和设备，常压和高压下流体的物理性质测量技术，每个实验都配有实验目的、基本原理、实验仪器及试剂、实验步骤、实验数据记录及处理、思考题和注意事项，帮助学生全面理解实验。

本书可以作为化学工程与工艺、能源化学工程本科专业学生实验教材，也可以作为化学工程与技术学术型和化学工程专业型硕士研究生实验教材使用，也可供从事化工热力学和物理性质研究的相关人员参考。

图书在版编目（CIP）数据

化工热力学和物理性质实验/郭绪强，孙强，李兴洵编.—北京：石油工业出版社，2022.12

高等院校特色规划教材

ISBN 978-7-5183-5635-5

Ⅰ.①化… Ⅱ.①郭…②孙…③李… Ⅲ.①化工热力学-物理性质-实验-高等学校-教材 Ⅳ.①TQ013.1-33

中国版本图书馆 CIP 数据核字（2022）第 235926 号

出版发行：石油工业出版社
　　　　　（北京市朝阳区安华里 2 区 1 号楼　100011）
　　　　网　　址：www.petropub.com
　　　　编辑部：（010）64256990
　　　　图书营销中心：（010）64523633　（010）64523731
经　　销：全国新华书店
排　　版：三河市聚拓图文制作有限公司
印　　刷：北京中石油彩色印刷有限责任公司

2022 年 12 月第 1 版　2022 年 12 月第 1 次印刷
787 毫米×1092 毫米　开本：1/16　印张：7
字数：134 千字

定价：22.00 元
（如发现印装质量问题，我社图书营销中心负责调换）
版权所有，翻印必究

前 言
PREFACE

流体的热力学性质和物理性质是化学工程的基础,对化工过程计算结果的准确性有着非常重要的影响,而这些性质多需要通过实验进行测定,所以掌握流体的热力学性质和物理性质的测定方法就显得格外重要。

化学工程与工艺专业和能源化学工程专业具有非常强的工程实践性,"化工热力学和物理性质实验"是在这两个专业的学生学习专业课程之后开设的一门专业实验课,是这两个专业重要的实践教学环节之一。通过本课程的学习,一方面巩固学生对专业基础理论知识的认识与理解,另一方面培养学生的基本实验技能、综合动手能力及对实验现象进行分析、归纳和总结的能力,熟悉和正确使用化工专业实验室中常用的仪器、仪表和设备,掌握化工专业实验技能、实验数据的处理方法以及工程实验的设计和组织方法,为今后从事相关领域的科研和生产实践打下良好的基础。

为了帮助学生了解并掌握流体的热力学和物理性质的测定方法,本教材从最基本的热力学变量温度和压力的标定出发,依次对气体压缩因子测定、气体超级压缩因子测定、纯物质流体相行为测定、制冷系数测定、混合体积和偏摩尔体积测定、气体在液体中的溶解度测定、气液相平衡测定、活度系数测定(气相色谱法和紫外分光光度计法)、油藏流体相平衡测定、常压流体密度测定(振荡管法、密度计法、比重瓶法)、高压流体密度测定(振荡管法)、常压流体黏度测定(落球法、毛细管法)、高压流体黏度测定(落球法、毛细管法)、常压气液界面张力测定、高压气液界面张力测定、流体导热系数测定(稳态法、瞬态热线法)等各种方法进行了介绍,并给出了思考题和注意事项。

本书由中国石油大学(北京)克拉玛依校区工学院化工系组织相关教师编写,具体编写分工如下:第一章由郭绪强编写,第二章和第三章第一节至第七节、第十三节由孙强编写,第三章第八节至第十二节由李兴洵编写,郭绪强对全书进行了审阅。

由于编者水平所限,书中难免存在疏漏之处,敬请批评指正。

编者

2022 年 9 月

目 录
CONTENTS

第一章　化工实验基础　001
第一节　有效数字与误差　001
第二节　实验数据处理　007
第三节　实验室安全规则　010

第二章　温度、压力及其测量仪器标定　011
第一节　温度及温度测量仪器标定　011
第二节　压力及压力测量仪器标定　014

第三章　实验部分　017
第一节　气体压缩因子测定　017
第二节　气体超级压缩因子测定　020
第三节　纯物质流体相行为测定　027
第四节　制冷系数测定　031
第五节　混合体积和偏摩尔体积测定　038
第六节　气体在液体中的溶解度测定　043
第七节　气液相平衡测定　047
第八节　活度系数测定　051
第九节　油藏流体相平衡测定　060
第十节　流体密度测定　068
第十一节　流体黏度测定　082
第十二节　气液界面张力测定　096
第十三节　流体导热系数测定　101

参考文献　108

第一章

化工实验基础

第一节 有效数字与误差

一、有效数字

1. 有效数字的意义和位数

有效数字和纯数字有着不同的含义，纯数字只表示大小，有效数字不仅表示量的大小、测定数据的可靠程度，而且反映了所用仪器和实验方法的准确程度。因此，在实验资料的记录和结果的计算中，保留几位有效数字不是任意的，而是要根据测量仪器、测量方法的准确度来确定。例如25.00mL溶液和25.0mL溶液，虽然数值大小相同，但精度却相差10倍。

有效数字就是实验中能够实际测出的数字，其中包括若干个准确的数字和一个（只能是最后一个）不准确的数字。最后一位不确定数字和所有确定数字的位数，就构成了该测量资料的有效数字的"位数"，即一个数从左边第一位不为零的数字到最后一位数字构成有效数字。例如分析天平称取某试样的质量0.0500g，其中最后一位是可疑数字，其他各位都是确定的。数字"0"具有双重意义，如果作为普通数字使用，它就是有效数字；如果作为定位使用，则不是有效数字。例如0.0500g，前面两个"0"仅起定位作用，不是有效数字，后面两个"0"是有效数字，因此该数字是三位有效数字。

2. 有效数字的运算规则

（1）加减运算：运算结果的有效数字的位数，应以运算数字中小数点后有效数字最少者决定，例如：

$$19.35+3.245-20.10=2.495\rightarrow 2.50$$

（2）乘除运算：计算结果有效数字位数与各数中有效数字位数最少者相同。如果数字中有效数字位数最少者的首位数字大于或等于 8 时，计算结果可多取一位有效数字，例如：

$$\frac{5.32\times 2.3}{28.00}=0.44 \qquad \frac{2.430\times 0.0601}{8.1}=1.80\times 10^{-2}$$

（3）在多步计算中：对于运算中间值通常比原应有的有效数字多保留一位，以免四舍五入对最终结果影响太大。最终结果应按上述规则保留应有的有效数字。

（4）表示误差数值的有效数字最多两位。测量值的末位数与绝对误差的末位数要对应，例如可表示为

$$237.46\pm 0.13 \qquad (1.234\pm 0.009)\times 10^{5}$$

在计算中常用到的常数，如通用气体常数、阿伏加德罗常数等，其有效数字的位数可以认为是无限的，在计算中需要几位就可以写几位。

二、误差

任何测量所得结果不可能绝对准确，总伴以一定的误差。同一个人对同一样品进行多次分析，结果也不尽相同。这表明在测量过程中，误差是客观存在的。例如：普通分析天平称量只能准确到 0.1mg；温度计读数误差达 0.1℃；压力表测量误差为 0.01MPa。一般常量分析结果的相对误差为千分之几，而微量分析的相对误差为百分之几。测定的结果只能趋近于真值，而不可能达到其真值。

1. 相关概念

1）准确度和误差

准确度是指测定值 x 与真实值 μ 的接近程度。准确度的高低常用误差来表示。误差即为实验测定值与真实值之间的差值。误差越小，表示测定值与真实值越接近，准确度越高。实际上绝对准确的实验值是无法得到的。研究工作中所谓真实值是指由有经验的研究人员用可靠的测定方法进行多次平行测定得到的平均值，以此作为真实值，或者以公认的手册上的数据作为真实值。

误差通常有相对误差与绝对误差。绝对误差表示实验测定值与真实值之差，相对误

差表示绝对误差在真实值中所占的百分数,即

$$\text{绝对误差} = x - \mu \tag{1-1}$$

$$\text{相对误差} = \frac{x - \mu}{\mu} \times 100\% \tag{1-2}$$

测量结果的准确度常用相对误差表示。例如,用分析天平称量两物体的质量各为 2.3470g 和 0.2347g,假定二者的真实质量各为 2.3471g 和 0.2348g,则两者称量的绝对误差分别为

$$2.3470 - 2.3471 = -0.0001$$

$$0.2347 - 0.2348 = -0.0001$$

两者称量的相对误差各为

$$\frac{-0.0001}{2.3471} \times 100\% = -0.004\% \qquad \frac{-0.0001}{0.2348} \times 100\% = -0.04\%$$

由此可知,两物体称量的绝对误差相等,但它们的相对误差并不相同,第一个称量结果的相对误差是第二个的十分之一,也就是说,当被测量的值较大时,相对误差就比较小,测量的准确度比较高。因此,用相对误差来比较各种情况下测量结果的准确度,更为确切。

绝对误差和相对误差都有正负之分,正值表示测量结果偏高,负值表示测量结果偏低。

2) 精密度和偏差

精密度是指在同一条件下,对同一样品反复多次测量而获得的一组测量值相互之间彼此一致的程度。常用重复性表示同一实验人员在同一实验条件下所得测量结果的精密度,用再现性表示不同实验人员之间或不同实验室在各自的条件下所得测量结果的精密度。

精密度可用偏差来表示,偏差有绝对偏差和相对偏差之分。各测量值 x_i 与 n 次测量平均值 x 之间的差称为绝对偏差,绝对偏差与平均值之比称为相对偏差。

$$\text{绝对偏差} = x_i - x \tag{1-3}$$

$$\text{相对偏差} = \frac{x_i - x}{x} \times 100\% \tag{1-4}$$

绝对偏差和相对偏差都是用来衡量某个测量值与平均值的偏差程度的。为了说明分析结果的精密度,需用平均偏差和相对平均偏差来表示。对某试样进行 n 次平行测定,测定数据为 $x_1, x_2, \cdots, x_n$,则

算术平均值：

$$x = \frac{x_1 + x_2 + \cdots + x_n}{n} \tag{1-5}$$

平均偏差：

$$d = \frac{1}{n} \sum_{i=1}^{n} |x_i - x| \tag{1-6}$$

相对平均偏差：

$$RAD = (d/x) \times 100\% \tag{1-7}$$

3）准确度和精密度的关系

如前所述，准确度是测定值与真值相符合的程度；精密度是在相同条件下，多次重复测定结果之间相符合的程度。如何从准确度和精密度两方面来衡量测量结果？例如，甲、乙、丙、丁四人同时测定一瓶 NaOH 溶液的浓度（最佳值为 0.1234mol/L），每人分别测定 3 次，结果见表 1-1。

表 1-1　不同测量人员对同一 NaOH 溶液浓度的测量结果

姓名	甲	乙	丙	丁
测定结果，mol/L	0.1231	0.1210	0.1230	0.1214
	0.1233	0.1211	0.1261	0.1238
	0.1232	0.1212	0.1286	0.1250
平均值，mol/L	0.1232	0.1211	0.1259	0.1234
真实值，mol/L	0.1234	0.1234	0.1234	0.1234
绝对误差	-0.0002	-0.0023	0.0025	0.0000

甲的分析结果准确度与精密度均较高，结果可靠；乙的分析结果精密度虽较高，但准确度太低；丙的分析结果准确度与精密度均很差；丁的分析结果从平均值看虽然接近最佳值，但它的精密度极差，三次测量值彼此相差很远，仅仅由于正负误差相互抵消，使结果凑巧等于最佳值，而每次测定结果离最佳值较远，因此丁的测定结果是不可靠的。

由此，精密度高的测量结果准确度不一定高；精密度是保证准确度的先行条件，如精密度极差，测定结果不可靠，也就失去了衡量准确度的前提。因此进行实验时，一定要严格控制条件，认真仔细操作，首先要保证得到精密度高的数据，才有可能获得准确度高的可靠结果。

2. 误差产生的原因

误差产生的原因很多，一般可分为系统误差、随机误差和过失误差。

1) 系统误差

系统误差起因于量度或测定过程中的某些固定因素,例如实验方法不够完善、所用仪器的精度不够高、使用的试剂不够纯等。这类误差常常可以通过改进实验方法、校正仪器、提高试剂纯度等措施以减小其影响程度。

2) 随机误差

随机误差起因于某些预先估计不到的偶然因素,例如测定时环境温度、湿度和气压的微小波动,仪器性能的微小变化,分析人员操作的微小差异,都将使分析结果在一定范围内波动,从而造成误差。由于随机误差是由某些偶然的原因引起的,其大小、正负难以预测,所以又称为偶然误差。偶然误差对实验结果的影响不固定,但可通过"多次测量取平均值"的办法来减少其影响程度。

3) 过失误差

过失误差是由操作者工作马虎、粗心大意引起的,如错加试剂、溅失溶液、读错刻度等,此类过失可引起较大的差错,就其本质而言它不是误差而是错误。只要操作者工作认真、操作细心,这种错误是可以避免的。一旦发现有过失,该测量值应弃去,以保证原始测量资料的可靠性。

3. 提高实验结果准确度的方法

为了提高实验结果的准确度,应尽量减少系统误差、随机误差和过失误差,认真仔细进行多次测量,取其平均值作为测定结果,这样可以减少随机误差并消除过失误差。

1) 保证足够大的测量值,减少相对测量误差

一般天平的称量误差为±0.0001g,每份样品需称量两次,因此总误差为两次误差之和,即为±(2×0.0001)g。若要求称量的相对误差<0.1%,则被称样品的量必须在0.2g以上。

对于体积测量,由于滴定管通常有±0.01mL的误差,要得到一个体积数需读两次,故为±0.02mL。与称量类似,为了减少体积测量引起的相对误差,应保证体积的测量值足够大。

2) 减少测量过程中的系统误差

(1) 校正测量仪器和测量方法。为了减少测量方法带来的误差,可用国家标准与选用的测量方法相比较,以校正所选用的测量方法。对准确度要求较高的实验,要对所选用的仪器,如温度计、压力表等进行校正,求出校正值,以校正测量值,提高测定结果的准确度。

（2）空白实验。空白实验是在同样测定条件下，用蒸馏水代替试样，用同样方法进行实验，其目的是消除由试剂和仪器带进杂质所造成的系统误差。

（3）对照实验。对照实验是用已知准确成分或含量的标准样品代替试样，在同样测定条件下，用同样方法进行测定的一种方法，其目的是判断试剂是否失效、反应条件是否控制正确、操作是否正确等，以确保得到测定结果的可靠性。

第二节　实验数据处理

取得实验资料后，需进行必要的整理、归纳，实验结果应以简明的方式表达出来，通常有列表法、图解法和回归分析法等，可根据不同情况进行选择。

一、列表法

所有测量至少包括两个变量，一个自变量，另一个为因变量。列表法就是将一组实验资料中的自变量与因变量的各个数值按一定的形式和顺序一一对应地列出来。每一张表格都应标明序号和完整而又简明的表名。表格内要分项列出每一项目的名称和单位。在不加说明即可明了其意义的情况下，项目（物理量）名称应尽量用符号代表。当同一项目内各数据的单位相同时，应将单位统一在表头项目栏中每个项目分别注明（项目用"物理量，单位"表示，表格内用纯数字表示）。表中所列数值的有效数字位数应取舍适当，小数点位置要上下对齐，数字空缺时应记一横划"—"。表中数据来源、所得条件或某些数据的说明可在表下用小号字表示。

列表法简单易做，数据便于参考比较，在同一表格内可以同时表示几个变量之间的变化情况，数据表达直接，不引入处理误差。实验原始资料的记录一般采用列表法。

二、图解法

图解法就是将实验数据用几何图形表示出来。利用图形表达测量结果能直接显示出数据的特点及其变化规律，简明地揭示出多种变量之间的关系，如极大值、极小值、转折点等，还可由图形获得斜率、截距、外推值、内插值等。

1. 正确选择坐标轴和比例尺

作图必须用坐标纸或者用 Origin 等画图软件完成，并按照化工制图规范画图，通常选用直角坐标系，有时也用半对数或者双对数坐标系，在表达三组分体系相图时，则选用三角坐标系。

（1）习惯上以横轴代表自变量，纵轴代表因变量；坐标轴应注明所代表的变量的名称和单位；图号与图名应标示在图形下方。横纵坐标原点不一定从零开始，应以略低于最小测量值的整数或整分度值作标度起点。

（2）坐标的比例和分度应与实验测量的精度一致，并全部用有效数字表示，不能过分夸大或缩小坐标的作图精确度。

（3）坐标系每小格所对应的数值应能迅速、方便地读出和计算。一般多采用1、2、5或10的倍数。

（4）实验数据各点应尽量分散、匀称地分布在全图，不要使数据点过分集中于某一区域。图像的长、宽比例要适当，力求表现出极大值、极小值、转折点等曲线的特殊性质。

2. 图形的绘制

在坐标系中明显地标出各实验数据点后，便可描绘出曲线。描出的曲线应当是连续的、平滑的。曲线应尽可能接近或贯穿所有数据点，并使点在线的两边分布均匀。若有个别偏离太远，绘制曲线时可不予考虑。一般情况下，不应绘成折线。

三、回归分析法

1. 回归方程

回归分析是处理变量之间相互关系的一种数理统计方法。用这种数学方法可以从大量观测的散点数据中寻找到能反映事物内部的一些统计规律，并可以按数学模型形式表达出来，故称该模型为回归方程（回归模型）。

2. 线性和非线性回归

回归也称拟合。对具有相关关系的两个变量，若用一条直线描述，则称一元线性回归；若用一条曲线描述，则称一元非线性回归。对具有相关关系的三个变量，其中一个因变量、两个自变量，若用平面描述，则称二元线性回归；若用曲面描述，则称二元非线性回归。依次类推，可以延伸到 n 维空间进行回归，则称多元线性或非线性回归。处理实际问题时，往往将非线性问题转化为线性问题来处理。建立线性回归方程的最有效方法为线性最小二乘法。

3. 回归分析法所包括的内容

回归分析法所包括的内容或可以解决的问题，概括起来有如下四个方面：

（1）根据一组实测数据，按最小二乘原理建立正规方程，解正规方程得到变量之间的数学关系式，即回归方程式。

（2）判明所得到的回归方程式的有效性。回归方程式是通过数理统计方法得到的，是一种近似结果,必须对它的有效性作出定量检验。

(3) 根据一个或几个变量的取值,预测或控制另一个变量的取值,并确定其准确度(精度)。

(4) 进行因素分析。对于一个因变量受多个自变量(因素)影响的情况,则可以分清各自变量的主次和分析各个自变量(因素)之间的互相关系。

第三节　实验室安全规则

化工实验中经常使用各种有毒或易燃易爆化学药品和仪器设备，以及水、电、煤气等，还经常会遇到高温、低温、高压、真空、高电压、高频和带有辐射源的实验条件及仪器，若缺乏必要的安全防护知识和规章制度，将会造成人员生命和财产的巨大损失。实验室安全管理工作是确保实验室教学、科研工作正常进行的前提条件。因此，化工实验室必须建立相应的安全责任制和各种安全规章制度，加强安全管理。

（1）对进入实验室的工作人员和学生要进行安全教育和培训。首次做实验的人员必须在掌握各项实验室安全管理办法和基本知识、熟悉各项操作规程后，方可进行实验。

（2）学生进入实验室，首先要熟悉实验室的整体安排和环境，了解实验室安全用具放置的位置和水、电、阀门、开关的安排，熟悉各种安全用具（如灭火器、沙桶等）的使用方法。

（3）在实验室中应积极宣传、普及一般防护和急救知识与技能，如烧伤、创伤、中毒、触电等的避免和急救处理办法。

（4）实验室应有定期进行各项检查的制度。

（5）大型精密贵重仪器要有操作规程挂墙，运行时必须由经过培训并拿到上岗证的工作人员指导操作，实验过程中必须严格按操作规程运作。大型精密贵重仪器使用及维修情况必须记录存档。

（6）实验室存放贵重物品和危险品要有严密的保管措施，防止丢失或污染。保管和领出使用要由两个专人共同负责，避免发生事故。实验室"三废"（废气、废液、废渣）的排放要符合环保要求。

（7）保证实验室的消防通道和人行通道畅通，不允许在走廊和楼梯间设立铁闸、物品架、实验台或堆放仪器设备及杂物等。

（8）经常检查实验室的电源、气源、水源、火源和放射源是否安全，发现隐患要及时整改。根据实验室的特点，设置相应的消防器材，定期检查更换，保证器材随时可用。

（9）非工作时间要关窗锁门，关闭电源、火源和气源。空调机、烘箱和电炉等大功率耗电设备一般不允许通宵开机。节假日使用实验室必须报经实验室主任批准。除实验楼值班人员外，一律不许住人。

（10）保持实验室内安静，不得在实验楼内大声喧哗、追逐打闹。除实验需要外，不准在实验室内使用明火和蒸煮食品。实验期间，实验人员不能在不同的实验室之间串岗。

第二章

温度、压力及其测量仪器标定

第一节　温度及温度测量仪器标定

一、实验目的

(1) 了解温度测量仪器标定的意义，培养学生严谨的科研态度。
(2) 熟悉温度标定仪器的主要部件和功能，掌握温度测量仪器的标定方法。

二、基本原理

在化工热力学性质中，温度和压力是描述物质所处状态以及获取物质物性参数最常用的两个强度性质。对热力学及相平衡实验而言，温度值是否准确直接影响到所测定的热力学性质，如气体溶解度、气液相平衡等实验数据的准确性。因此，为了保证实验结果的可靠性，必须首先对测温仪表（包括温度计及温度传感器等）进行校验。同时，在实验设备的正常使用过程中也不可避免地会出现测温元件老化或显示仪表零点值的漂移，所以也应当定期对实验设备的测温器件进行标定。

目前，主要的测温仪器包括温度计、测温铂电阻及测温热电偶等。测温铂电阻及测温热电偶还需配置相应的温度显示仪表，以获取温度测量值。对上述测温仪表的标定，往往通过使用标准的温度检定装置进行，即以标准表校验被检表。当被检表测温值与标准表温度显示值有偏差时，需通过调整被检表的零点或者给出不同情况下的显示值与标准值的校正曲线等方法进行合理的调整，从而保证被检表温度测量值的准确性。

三、实验仪器及试剂

1. 实验仪器

本实验采用恒温油槽(高低温检定槽)及标准温度计作为温度提供场所及温度标准值。恒温油槽如图2-1所示,由油槽、制冷器、加热器、循环装置、温控器、被检仪器夹持架(用于温度传感器、温度计的检测)组成。恒温油槽尺寸为150mm×480mm,工作温度范围为-30~200℃,温度偏差为±0.05℃,温度均匀度为0.05℃,温度波动度为±0.05℃,温度显示分辨率为0.01℃。

图2-1 DC-3020-Ⅱ型恒温油槽

2. 实验试剂

本实验采用硅油作为恒温油槽的被加热介质,提供稳定的温度场所。

四、实验步骤

(1)准备工作。将硅油加入恒温油槽内,将被检测测温器件放于恒温油槽内,盖好恒温油槽盖子,准备开始实验。

(2)温度标定。接通恒温油槽电源,设定温度值。当恒温油槽的标准温度计显示温度与被检测测温器件显示温度稳定1h以上不变时,记录二者的数值。改变恒温油槽设定温度，获取不同温度下标准温度计与被检测测温器件所测量的温度数值。

（3）根据所测量的温度值，对被检测测温器件或显示仪表进行合理修正。

五、实验数据记录与处理

（1）实验温度记录如表 2-1 所示。

表 2-1　实验测量温度数据记录表

标准温度计，℃					
被检测测温器件，℃					

（2）绘制实验测量温度曲线，举例如图 2-2 所示。

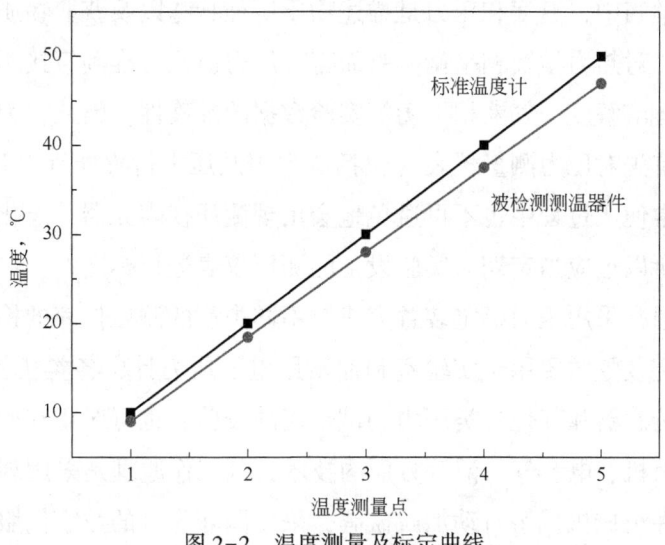

图 2-2　温度测量及标定曲线

（3）根据温度标定结果，确定被检测测温器件的测温数据准确性以及相应的调整方法。

六、思考题

当被检测测温器件显示温度值呈现非明显规律时，应如何调整该测温器件？

七、注意事项

（1）实验前确认恒温油槽盖子盖好，以免槽内硅油溅出。

（2）实验过程中严禁打开恒温油槽盖子。

（3）如遇停电，必须将设备总电源开关断开，防止因突然来电而出现设备故障。

第二节 压力及压力测量仪器标定

一、实验目的

(1) 了解压力测量仪器标定的意义,培养学生严谨的科研态度。
(2) 熟悉压力标定仪器的主要部件和功能,掌握压力测量仪器的标定方法。

二、基本原理

在化工热力学当中,温度和压力是描述物质所处状态以及获取物质物性参数最常用的两个强度性质。对热力学及相平衡实验而言,压力值是否准确直接影响到所测定的热力学性质,如气体溶解度、气液相平衡等实验数据的准确性。因此,为了保证实验结果的可靠性,必须首先对压力测量仪表(包括压力表及压力传感器等)进行校验。同时,在实验设备的正常使用过程中也不可避免地会出现测压仪表元器件老化或压力示数仪表零点值的漂移,所以也应当定期对实验设备的测压仪表进行标定。

标定过程中通常采用压力标定装置完成对不同类型的测压仪表的检测。本实验采用的全自动压力标定装置主要用于实验室和油田用电子压力计、各类机械压力计的标定,同时可用于压力传感器和其他各类压力测试仪表的校验,也可对正在使用的压力表进行检测。该装置涉及机、电、气、液等方面的技术,其工作原理是采用现代计算机控制技术和精密气动元件组成机械手自动加减砝码,采用国际先进的数字伺服控制系统驱动丝杠旋转调节压力,通过计算机监测活塞位置的变化,实时监控压力加减和稳定情况,将信号反馈给计算机,由计算机进行显示、自动调节和控制;温度控制采用先进的 PID 控制调节技术。该装置压力控制和温度控制在同一软件平台上,设置必要的参数后,由软件自动完成仪器标定过程,实现标定过程的自动化。

三、实验仪器

实验采用 SBY-Q60A 型全自动压力标定装置,该装置由全自动活塞压力计、自动造压台、标准压力模块、恒温油槽、备附件、控制软件等组成,如图 2-3 所示。全自动活塞压力计是系统控制中心,提供 1MPa 以上标准压力源,由 PLC 模组、活塞、不锈钢砝码、机械手、可视机柜、电气元件、活塞高度监视装置等部分组成。自动造压台由气动增压泵、伺服造压器、压力传感器、丝杠限位模块、丝杠位移检测传感器、气动高压阀、油箱、液位监测传感器、传压管线、压力出口、电气板、可视机柜、手动截止阀等组成，该部分在计算机控制下可实现预压、稳压、丝杠位置报警、超压报警、液位报警等功能，压力出口分别连接校验接头和全自动活塞压力计，气动增压泵起预压作用，伺服造压器在计算机控制下使压力趋于设定值并稳压。标准压力模块提供 2.5MPa 以下标定压力源，还可用于被检压力变送器电压或电流输出的校验。

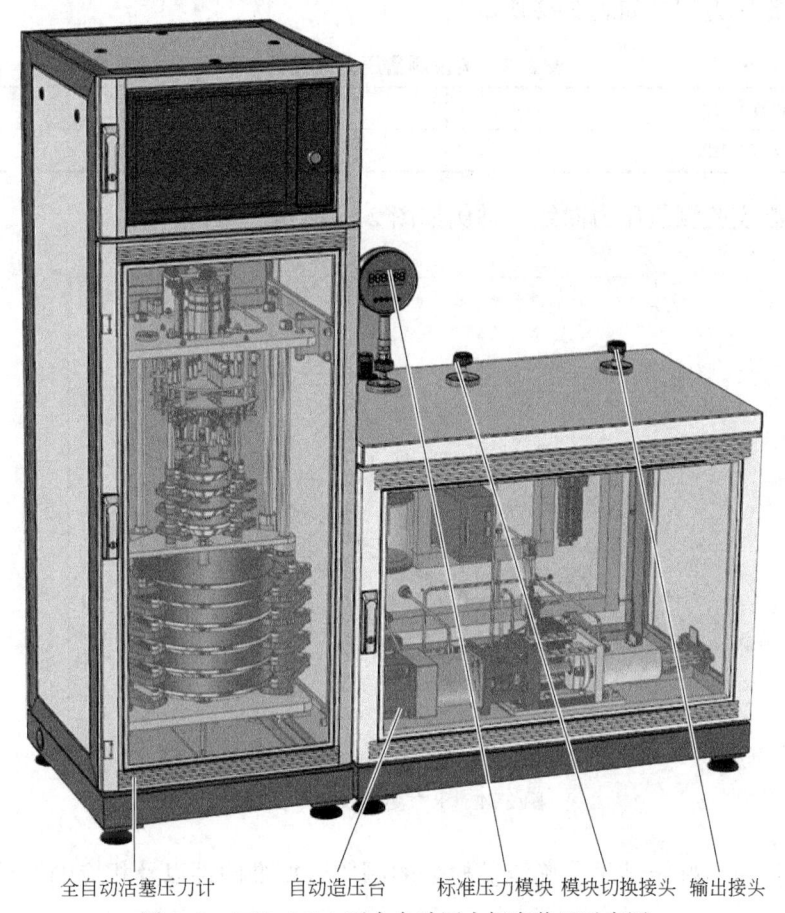

全自动活塞压力计　自动造压台　标准压力模块　模块切换接头　输出接头

图 2-3　SBY-Q60A 型全自动压力标定装置示意图

SBY-Q60A 型全自动压力标定装置引用标准包括：（1）JJG 875—2019《数字压力计检定规程》；（2）JJG 59—2007《活塞式压力计检定规程》；（3）JJG 99—2006《砝码检定规程》。主要技术参数：（1）活塞压力计压力量程：1.0~60MPa；（2）标准压力模块压力量程：0~2.5MPa；（3）压力准确度等级：0.05 级；（4）压力全自动、半自动标定可选，压力标定过程实时监控。

四、实验步骤

（1）将待检测压仪表连接至输出接头。
（2）根据输出压力，通过模块切换接头选择全自动活塞压力计或自动造压台，对被检测压仪表进行压力标定。

(3) 根据所测量的压力值,对被检测压仪表显示值进行合理修正。

五、实验数据记录与处理

(1) 实验压力记录如表2-2所示。

表2-2　实验测量压力数据记录表

压力标定装置,MPa				
被检测压仪表,MPa				

(2) 绘制实验测量压力曲线,举例如图2-4所示。

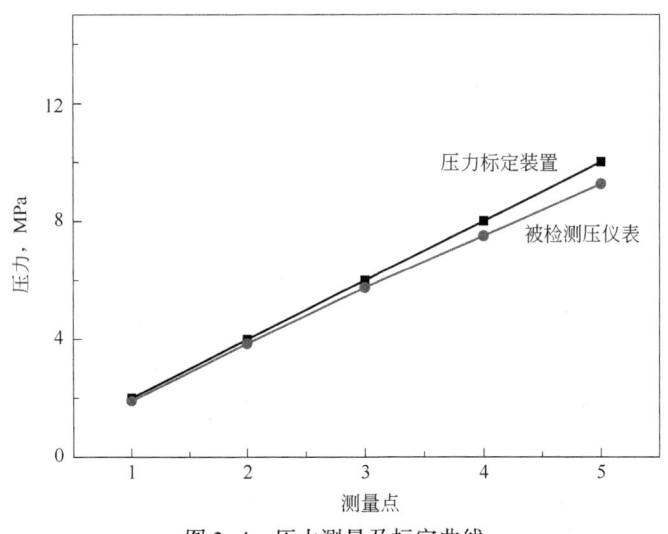

图2-4　压力测量及标定曲线

(3) 根据压力标定结果,确定被检表的测压数据准确性以及相应的调整方法。

六、思考题

当被检测压仪表显示值呈现非明显规律时,应如何调整该测压器件?

七、注意事项

(1) 实验过程中严禁打开全自动活塞压力计及自动造压台的柜门。

(2) 如遇停电,必须将设备总电源开关断开,防止因突然来电而出现设备故障。

(3) 保持装置清洁,不能在有毒和易燃易爆气体中运行。

第三章

实验部分

第一节　气体压缩因子测定

一、实验目的

（1）掌握 PVT 关系的简便测定方法。

（2）掌握气体压缩因子的测量方法，加深对真实气体 PVT 关系以及真实气体和理想气体的偏差的理解。

二、基本原理

通过构建高低压容器系统，将高压容器中的真实气体分步导入低压容器中。首先通过测定给定温度、低压条件下的气体 PVT 数据，利用理想气体定律确定气体的物质的量 n：

$$n = \frac{pV}{RT} \tag{3-1}$$

重复上述过程可获得每次放出的气体物质的量，并最终得到原高压容器中的真实气体总的物质的量。根据状态方程计算气体的压缩因子 Z：

$$Z = \frac{pV}{nRT} \tag{3-2}$$

三、实验仪器及试剂

1. 实验仪器

图 3-1 为气体压缩因子测定实验装置示意图,主要由气瓶和高低压容器组成。高低压容器分别置于恒温箱中,并通过温度和压力测量仪器获得容器内的气体温度及压力数据。

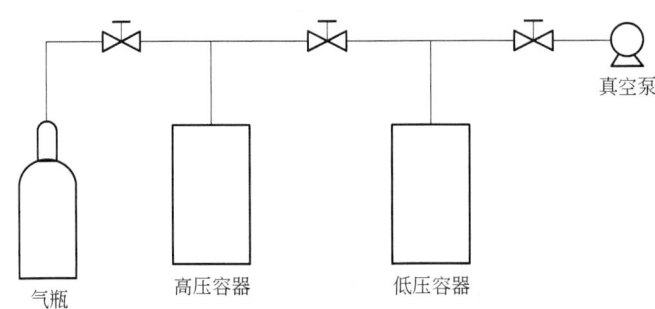

图 3-1　气体压缩因子测定实验装置示意图

2. 实验试剂

甲烷气体:纯度≥99.9%。

四、实验步骤

(1) 将实验装置抽真空。

(2) 打开恒温箱,设定温度为实验所需温度。

(3) 进气:关闭低压容器进口阀门,打开高压容器进口阀门,将气瓶中的气体引入高压容器中,直至气体压力达到所需实验值。

(4) 缓慢打开低压容器进口阀门,使气体从高压容器中流入低压容器,直至低压容器中的气体压力达到 1atm,关闭进口阀门。

(5) 待低压容器中的压力温度稳定之后,读取数据,并用理想气体状态方程计算得到低压容器中气体物质的量。

(6) 对低压容器抽真空,重复步骤(4)和(5)。

(7) 重复上述步骤,直至最终高压容器中的气体压力达到 1atm,计算其中的气体的物质的量,并计算得到最初的高压容器中的气体总的物质的量。

五、实验数据记录与处理

读取的数据按表 3-1 记录。

表 3-1 实验数据记录表

高压容器	温度,℃	体积,mL	压力,atm			
低压容器	温度,℃	体积,mL	压力,atm			

利用理想气体状态方程计算得到每次释放到低压容器中的气体物质的量 n：

$$n = \frac{pV}{RT} \tag{3-3}$$

汇总得到高压容器中最初加入的气体的总物质的量，并由真实气体状态方程计算得到压缩因子 Z：

$$Z = \frac{pV}{nRT} \tag{3-4}$$

六、思考题

实验温度对压缩因子 Z 的测定结果是否有影响？如果在实验压力不变的前提下，提高实验温度，Z 将如何变化？

七、注意事项

用真空泵对系统抽真空时要把系统内所以阀门都打开，保证整个系统被抽真空，真空表压力不变后，要继续抽真空保持 10min 以上。

第二节 气体超级压缩因子测定

一、实验目的

（1）了解纯气体及天然气混合物等压缩因子的测定原理。
（2）学习 Burnett 超级压缩性测定仪的测量方法和操作步骤。
（3）完成天然气超级压缩因子的测定。

二、基本原理

超级压缩性测定仪是获得高精度气体压缩性数据的重要手段，应用于纯气体及天然气混合物等压缩因子的测定，可为建立和检验高精度状态方程提供必要的基础数据。目前应用于天然气混合物压缩因子测定的标准方法主要有 Burnett 法和 Bean 法。

Bean 法采用经典的实验室过程，将未知量的高压气体膨胀到常压条件，测试膨胀气体的体积。这一过程是从高压容器连续排放气体进入定量容器，测定每次排放的气体的体积，直到高压容器内的压力减小到常压。Bean 法的特点是需测定体积，从每次在常压条件下测得的体积计算出总体积，从而可求出每次膨胀气体的压缩因子。

Burnett 法采用两个相邻的已知体积比的高压釜，气体从第一个釜膨胀进入抽空的第二个釜，测定此时的压力，再抽空第二个釜，继续膨胀至压力减小到 3~6atm。从釜体体积比和膨胀前后的压力比，即可计算出气体的压缩因子。Burnett 法测定的是压力。

Burnett 超级压缩性测定仪的特点是测定压缩因子时不必测定釜体的体积，而只需在某一温度下，测定气体样品的压力即可求出气体的压缩因子。将已知组成的一定量气体样品压入釜体 V1 内，在恒定温度下，用高精度净重（砝码）压力计测定气体的压力 p_0，抽空釜体 V2，使气体样品从 V1 膨胀进入 V2，测定此时的压力 p_1，再抽空 V2，重复上述膨胀过程，经过多次重复，就可得到一组压力数据，通过膨胀前后的压力比，就能计算出样品气体在该温度下的一组压缩因子。

三、实验仪器及试剂

1. 实验仪器

实验装置如图 3-2 所示，主体设备包括膨胀釜（V1 和 V2）、恒温油浴、控制平台、真空泵、高精度净重压力计、手动泵和贝克曼温度计。该设备的主要部件说明如下：

膨胀釜（V1 和 V2）：由两个体积分别是 819.50cm³、409.75cm³ 的釜体和一单接触零压腔室（single-contact dlaphragm null-pressure cell）组成。这个双釜装置被垂直悬挂在恒温油浴内，通过针形阀接出釜体，一个阀与真空泵相连，另一个则与气体进入管线相连，两个釜体由膨胀阀隔开。

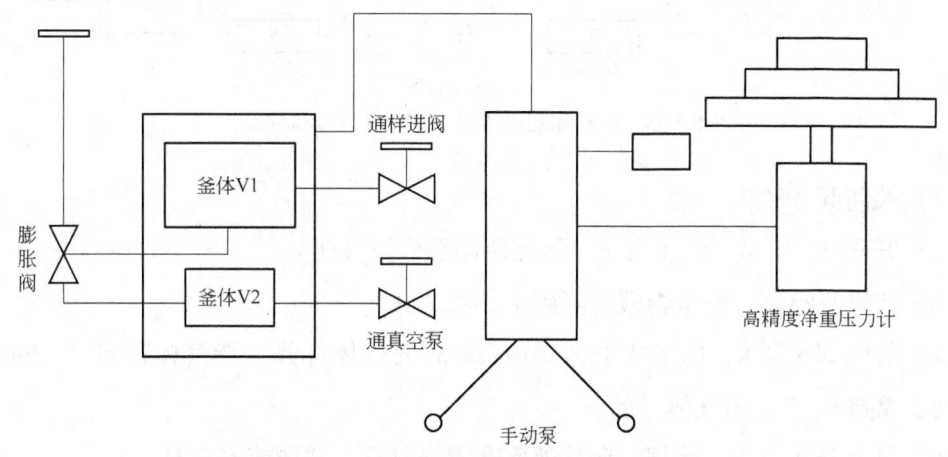

图 3-2　Burnett 超级压缩性测定仪结构示意图

恒温油浴：一个绝热钢桶内设有搅拌器和导向挡板使池内流体作旋转运动，以确保温度分布均匀。油浴中盛硅油，其温度通过敏感的可调节汞恒温器（adjustable mercury thermostat）控制在 ±0.006℃（在 93℃ 内）。加热装置由三个旋入式电加热器（screw-in type heater）组成，两个连到主加热开关（main toggle heating switch），另一个则与调压器相连，通过调节电压来控制热输出。这种温度控制系统非常准确和灵敏，温度波动很少。所有开关装置被安装在控制板上，连同恒温油浴和真空泵一同被安装在钢架上，组成一个整体。

本仪器的主要操作指标如下：

操作压力范围：0.04~17MPa。

最高温度：100℃。

测压精度：0.014kPa。

2. 实验试剂

天然气气样样品。

四、实验步骤

在选定的测试温度下，使阀 1 与样品进料口相连（图 3-3）。

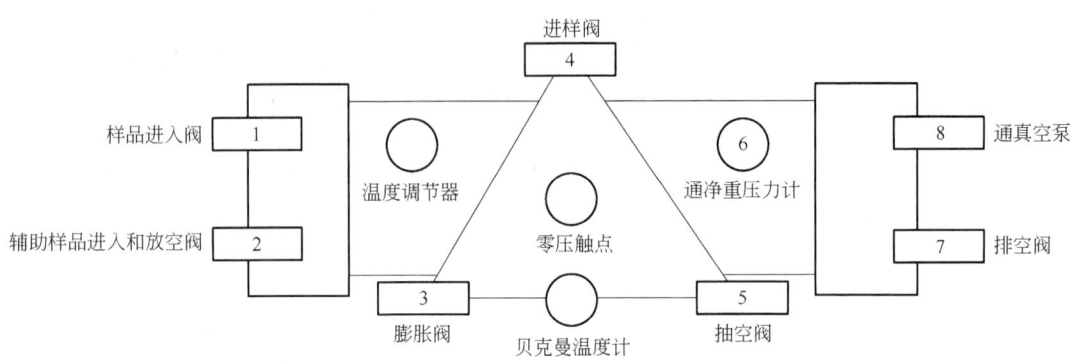

图 3-3 Burnett 超级压缩性测定仪标号和位置

(1) 关闭阀 2 和 7。

(2) 开阀 2、3、4、5、6 和 8（样品瓶阀总保持关闭）。

(3) 启动真空泵，使釜内残压降到 1.3~2.0kPa。

(4) 关闭阀 5 和 8，向釜内通入 10~20atm 的气体样品，待气体稳定 1~2min 后，通过阀 2 或阀 5、7 排出气体样品。

(5) 打开阀 2 和气压计阀，调整液面在零线以下，并调节刻度盘。

(6) 关闭阀 2，打开阀 5 和 8，重复步骤 (1)~(6)。

(7) 关闭阀 2，打开阀 5 和 8，第三次抽空到 2.6kPa 残压，关闭阀 5 和 8，调节完毕后，向釜内通入气体样品。

(8) 确定相应于加料压力的接触轴 (contact spindle) 位置。由于平衡压力釜的膜具有弹性，所加压力不同，所受的张力就不同，同时必须对平衡膜在整个压力范围内对两个温度进行校正。对平衡膜作张力校正，实际上是对电子触点本身位置的校正，而并非指相应的压力变化。

(9) 随着气体的注入，逐渐增加油压，通过手动泵调节膜的平衡，从弹簧压力计上可估算出它的压力值。隔膜的平衡可通过调节手动泵和增减净重砝码来调节，有两个条件需要注意：

① 必须确定砝码重量变化时隔膜反方向承受的冲力。

② 必须确定隔膜平衡指针最后的平衡位置。

判断达到平衡的条件比操作过程中任何一个操作过程都重要，只有当气体样品和压力计指针充分稳定后，才能保证达到平衡。平衡状态还受气体温度和大气压力的影响。在油浴温度为 100℃ 时，釜温变化 0.01℃，将引起约 0.0002atm 的压力变化。

(10) 开阀 3，使气体膨胀到抽空的釜 V2 内，达到平衡后，再关闭阀 3。关闭阀 3 对平衡没有影响，但最后一次可能对活塞计产生一个质量传递，因此关闭阀 3 时，要仔细观察指示表，确保平衡没有变化。

（11）关阀 8，开阀 5 和 7，释放 V2 的气体。如果测定可燃性气体，应将气体排出室外，释放气体对釜油的"制冷效应"可引起釜温的下降。

（12）关阀 7，开阀 8，抽空到残压 1.3~2.6kPa，依次关闭阀 5 和 8。

（13）保持净重压力计水平，测定压力。

（14）撤除净重压力，目的是防止由于活塞的作用反方向超过膜的承受范围。测压时必须使活塞在它的设计位置上自由浮动，通常保持在浮动范围内的中点，只有在这个位置上才能达到准确的平衡，在其他水平位置，观察的压力是不准确的，因为此时活塞本身是不稳定的。测定压力的基准水平面也直接与活塞测定的压力有关，为使系统达到平衡，需要一段时间，在这期间，活塞必须保持在浮动位置，从它设计的平衡位置以上无干扰地沉降，直至最后达到平衡位置。

（15）将刻度盘调节到校正此时膜张力的刻度，如初始压力为 170atm，则经过一次膨胀后压力降为 105atm。当第二次调节触点时，首先要确保隔膜的正确方向，即需撤除所有的油压。其次，应保持最后一次调节是沿刻度盘减小的方向。

随着釜压的减小，隔膜的张力也要减小，刻度必须从大张力的位置调到更小张力的位置，依次重复直至压力小于 5atm 为止。

五、实验数据记录及处理

1. 实验数据记录

实验数据记录如表 3-2 所示。

表 3-2　天然气样品的测试记录

比密度（对空气）：_____　　$N=$_____　　$N^\beta p_\beta =$_____

压力序号	p_θ	p_1	p_2	p_3	p_4	p_5	p_6
时间							
室温，℃							
大气压，kPa							
釜温，℃							
贝克曼温度计读数							
刻盘刻度							
砝码标号							
釜压，kPa（表压）							

续表

压力序号	p_0	p_1	p_2	p_3	p_4	p_5	p_6
气压计温度校正,℃							
大气压,kPa							
气头气压,kPa							
总压力,kPa							
$N_n p_n$							
实测 Z 值							

2. 实验数据处理

数据处理方法如下所示：

对理想气体：

$$pV = nRT \tag{3-5}$$

对实际气体：

$$pV = ZnRT \tag{3-6}$$

对理想气体经过一次膨胀，膨胀前后的压力分别为 p_0 和 p_1，根据 Boyle 定理：

$$p_0 V_1 = p_1(V_1 + V_2) \tag{3-7}$$

对理想气体，釜体体积比 $(V_1 + V_2)/V_1$ 即等于压力比 p_0/p_1。

对实际气体上述过程可表示为

$$p_0 V_1 = Z_0 nRT \tag{3-8}$$

$$p_1(V_1 + V_2) = Z_1 nRT \tag{3-9}$$

经反复抽空和膨胀，可得到一组膨胀前后的压力、体积和温度的关系式：

$$p_1 V_1 = Z_1 nRT \tag{3-10}$$

$$p_2(V_1 + V_2) = Z_2 nRT \tag{3-11}$$

……

$$p_{n-1} V_1 = Z_{n-1} n'RT \tag{3-12}$$

$$p_n(V_1 + V_2) = Z_n n'RT \tag{3-13}$$

整理式(3-8)至式(3-13)得

$$\frac{p_0 V_1}{p_1(V_1 + V_2)} = \frac{Z_0}{Z_1} \tag{3-14}$$

$$\frac{p_1 V_1}{p_2(V_1 + V_2)} = \frac{Z_1}{Z_2} \tag{3-15}$$

……

$$\frac{p_{n-1}V_1}{p_n(V_1+V_2)}=\frac{Z_{n-1}}{Z_n} \qquad (3-16)$$

令 $(V_1+V_2)/V_1=N$,由式(3-14)得

$$\frac{Np_1}{Z_1}=\frac{p_\theta}{Z_\theta} \qquad (3-17)$$

由式(3-15)得

$$\frac{Np_2}{Z_2}=\frac{p_1}{Z_1} \text{或} \frac{N^2p_2}{Z_2}=\frac{p_\theta}{Z_\theta} \qquad (3-18)$$

对 n 次膨胀：

$$\frac{N^np_n}{Z_n}=\frac{p_\theta}{Z_\theta} \qquad (3-19)$$

作 p_{n-1}/p_n—p_n 的标绘图，将所得直线外推到 $p=\theta$，与纵轴的交点即代表 N 值。

整理式(3-17)至式(3-19)得

$$Np_1=\frac{Z_1p_\theta}{Z_\theta} \qquad (3-20)$$

$$N^2p_2=\frac{Z_2p_\theta}{Z_\theta} \qquad (3-21)$$

$$N^np_n=\frac{Z_np_\theta}{Z_\theta} \qquad (3-22)$$

作 N_np_n—p_n 的标绘图，将所得直线外推到 $p=\theta$，与纵轴的交点即代表 p_θ/Z_θ，记

$$N^\beta p_\beta=\frac{p_\theta}{Z_\theta} \qquad (3-23)$$

式(3-20)至式(3-22)与式(3-23)相比得到

$$Z_1=\frac{Np_1}{N^\beta p_\beta} \qquad (3-24)$$

$$Z_2=\frac{N^2p_2}{N^\beta p_\beta} \qquad (3-25)$$

……

$$Z_n=\frac{N^np_n}{N^b p_\beta} \qquad (3-26)$$

则可作出 Z—p 的标绘曲线，从而可读出任意压力下的 Z 值。

六、思考题

(1) 液压系统中是否可以有空气的存在？为什么？

(2) 测量前为什么要首先估算天然气气样在选定温度下的露点压力?

七、注意事项

(1) 测试天然气样品前,首先要分析气样样品的组成,确定测试的压力和温度范围,估算气体在选定温度下的露点压力。

(2) 真空泵抽空后残压要小于3.2kPa,然后调节油浴温度到所需保持的温度,在油浴温度稳定后,调节贝克曼温度计,使指示的温度刻度到3~4之间,以便于观察,稳定后调节零点。

(3) 抽空整个气体系统,包括管线、阀门等,进气过程包括气体样品的净化,为确保测试样品的洁净,必须进行净化处理,本实验通过过滤法净化气体样品。

第三节　纯物质流体相行为测定

一、实验目的

（1）熟悉流体相行为测定仪的主要部件和功能，掌握流体相行为的测定方法。

（2）观察流体的相态随着压力（或体积）变化的实验现象，了解纯物质临界状态及性质的观测方法，加深对流体的热力学状态，如凝结、汽化、饱和状态、临界状态等基本概念的理解。

（3）对比不同状态方程和实际气体状态的差异，加深对气体状态方程的认识和理解。

二、基本原理

宏观的物质由大量分子、原子等微观粒子聚集而成，一般可分为气、液、固三种不同的聚集状态。由于气体和液体可以流动，所以统称为流体。无论物质是哪一种聚集状态，都有很多宏观性质，如压力 p、体积 V、温度 T、密度、内能等。众多宏观性质中，p、V、T 三者是物理意义非常明确，又容易直接测定的基本性质。由于物质的宏观性质之间有一定的联系，p、V、T 性质的研究常作为其他性质研究的基础。当物质的量 n 确定后，其 p、V、T 性质不能同时独立取值，即三者之间存在着下式所示的函数关系：

$$f(p,V,T)=0 \tag{3-27}$$

上述函数关系称为状态方程。

图 3-4 所示为纯物质的 p—T 相图。图中升华曲线、熔化曲线、汽化曲线将纯物质的物态分成三个相区。三相区的交汇点称为三相点。由相律可知，在三相点处，自由度为零。在两相平衡线上，只有一个自由度。临界点 C 代表纯物质能够保持气液平衡的最高温度和压力。在临界点，两相难于分辨，气相和液相没有清晰的界限。

图 3-5 所示为流体的 p—V 相图，由一系列指定温度下的 p—V 曲线组成，这些 p—V 曲线称为等温线，反映了在温度恒定的条件下，压力随流体体积而变化的规律。大于临界温度的等温线和两相区边界线不相交，曲线十分平滑。小于临界温度（T_c）的等温线（T_1，T_2）呈现三个部分。水平部分表示气液平衡混合物，变化范围为从 100% 的饱和蒸气到 100% 饱和液体。其左侧和右侧分别为液相区和气相区。由于压力对液体体积的变化影响很小，故液相区的等温线斜率很陡。两相区中水平等温线的长度随着温度升

高而缩短，在临界点时，C 点成为临界等温线的一个拐点。在图上看出，临界等温线在临界点的斜率和曲率都等于零。

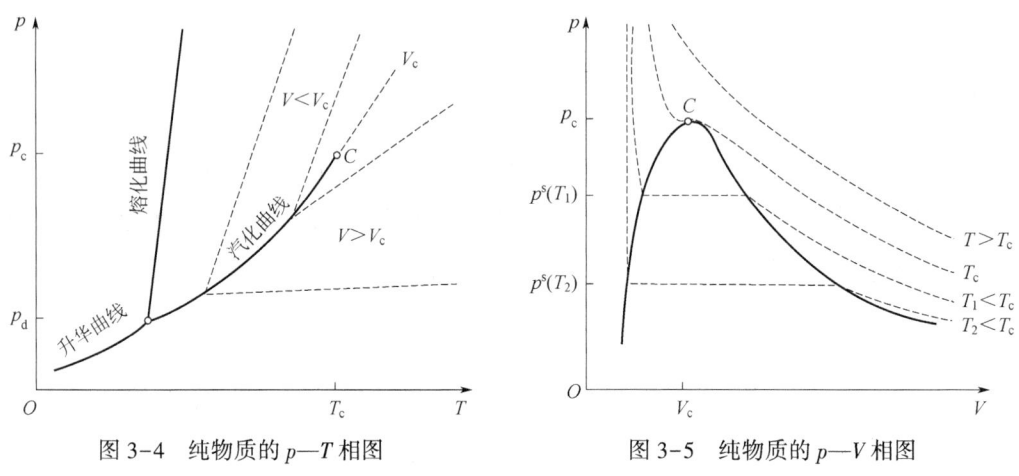

图 3-4　纯物质的 p—T 相图　　　　图 3-5　纯物质的 p—V 相图

本实验采用在恒定温度的条件下改变体积的方法来测定纯流体（如二氧化碳等）的压力，进而确定 p—V—T 之间的关系。通过测定在不同温度下，纯流体的体积随温度的变化关系，并观察近临界区域内流体的相态随着压力变化的实验现象。根据 p、V 对应值绘制出 p—V 等温线图，从而确定纯流体的饱和性质及临界性质。

三、实验仪器及试剂

1. 实验仪器

实验装置如图 3-6 所示，主要由恒温箱、高压搅拌反应釜和手摇泵组成。恒温箱内腔尺寸为 550mm×450mm×550mm，温控范围为 -20~150℃，带可视前窗及照明。高

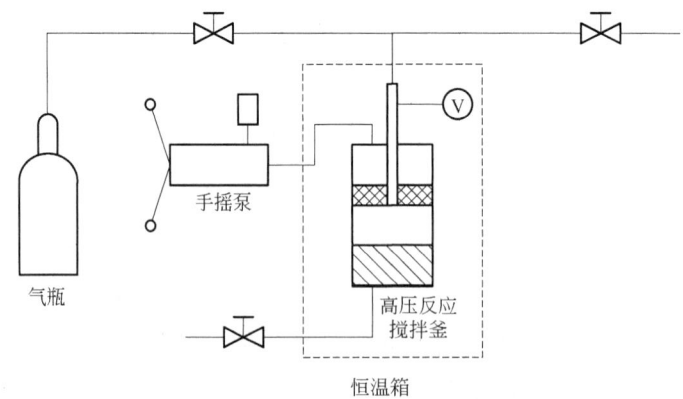

图 3-6　纯物质流体相行为测定实验装置示意图

压搅拌反应釜容积为 200mL，最大工作压力 50MPa，带有磁力搅拌系统，底部有前后可视视窗，内部装有活塞，活塞上方空间与手摇泵相连，泵内注入不可压缩的液体（一般为质量分数 20%的乙二醇溶液）作为传压介质，通过转动手摇泵推动活塞移动，进而改变釜内的气体体积及压力。手摇泵容积为 200mL，最大工作压力为 50MPa。数据采集系统主要由 Pt-100 铂电阻、压力传感器、釜体积测定仪和无纸记录仪等电子部件组成。

2. 实验试剂

实验用纯物质，如二氧化碳气体等。

四、实验步骤

（1）准备工作：

① 调节手摇泵，使高压搅拌反应釜内体积至最大值。

② 使用真空泵对装置的气路进行抽真空，并保持 10min 以上，之后关闭真空泵和测试系统之间的阀门。然后打开气瓶阀门，注入一定量的纯物质，重复三次，保证反应釜内无残留空气。

③ 向高压搅拌反应釜内注入纯物质使釜内压力达到适宜的初始值。

（2）测定低于纯物质临界温度的等温（T_1）p—V 线。

① 开启恒温箱，调节其至实验所需温度。

② 恒温至少 4h，直至恒温箱内的空气温度和高压搅拌反应釜上的热电偶显示温度的波动均不超过±0.1℃。

③ 缓慢调节手摇泵，按照适当的压力间隔进行增压，此过程要确保恒温条件，每次增压要稳定 5~10min，待压力和体积稳定后，记录数据，直至高压搅拌反应釜内流体体积或压力达到实验要求值。

（3）测定等于纯物质临界温度的等温（T_c）p—V 线，并观察临界现象，具体操作过程参考步骤（2）。

（4）测定高于纯物质临界温度的等温（T_2）p—V 线，具体操作过程参考步骤（2）。

五、实验数据记录及处理

1. 实验数据记录

实验数据记录如表 3-3 所示。

表 3-3 纯物质流体相行为实验数据记录表

$t=T_1$		$t=T_c$		$t=T_2$	
p, MPa	V, mL	p, MPa	V, mL	p, MPa	V, mL

2. 绘制等温线

根据所得的实验数据获取纯物质在温度 T_1 时的饱和蒸气压,以及临界温度 T_c 时的临界压力 p_c(表 3-4),并与文献值相比较。

表 3-4 纯物质流体相行为实验数据记录表

$t=T_1$		$t=T_c$	
饱和蒸气压力		临界压力	

六、思考题

查阅文献,对本实验测定数据和文献数据进行对比分析。

七、注意事项

(1) 实验前确认恒温箱门关闭且密封性良好,否则会造成箱内蒸发器等部位结霜结冰,使恒温箱控温失效。

(2) 释放高压气体时,严禁对人释放和向室内排放。

(3) 如遇停电,必须将设备总电源开关断开,防止因突然来电而出现设备故障。

(4) 严禁实验过程中打开恒温箱门,严禁将手臂等身体部位伸入恒温箱内。

(5) 搅拌电动机开启后,禁止用手触碰电动机,以免受伤。

第四节　制冷系数测定

一、实验目的

（1）熟悉蒸气压缩制冷实验装置的结构及各部件作用，了解实际制冷循环与理想制冷循环的差异。

（2）加深对制冷循环的认识，加深对节流及制冷循环各状态变化的认识。

（3）了解在不同的蒸发温度下（冷凝温度不变）及不同的冷凝温度下（蒸发温度不变）制冷系数、制冷量的变化。

（4）掌握制冷系数的测定方法，熟悉提高制冷系数可采用的方法。

二、基本原理

蒸气压缩制冷循环是采用 F22（R404a 或 134a 等）作制冷剂，通过制冷剂在等温等压下液化与汽化的相变过程来实现等温、等压的放热或吸热过程。

制冷循环由下列四个基本过程组成：

（1）压缩过程。制冷剂经过压缩机压缩由低温、低压的饱和蒸气或过热蒸气变成高温高压的过热蒸气，该过程在压缩机中完成，压缩过程中消耗功。

（2）冷凝过程。压缩后的过热蒸气在冷凝器中准等压冷却，冷凝成饱和液体，又进一步冷却成为过冷液体。冷凝过程在冷凝器中进行，制冷剂在冷凝器中放出热量。

（3）节流膨胀过程。冷凝后的制冷剂在节流阀中绝热膨胀，压力和温度同时降低，并有部分液体汽化，膨胀前后焓值相等。节流膨胀过程在热力膨胀阀中进行。

（4）制冷剂蒸发产生冷量过程。两相状态的制冷剂在蒸发器中准等压汽化，吸收热量，直至完全变成干饱和蒸气或过热蒸气再进入压缩机，从而完成循环。

1. 理想制冷循环

理想制冷循环是不考虑循环过程中的各种不可逆因素的循环，即认为压缩过程是绝热过程，在压缩机压缩过程中不考虑摩擦、温差传热等不可逆因素，所以是等熵压缩。在冷凝过程中不考虑冷凝器内部制冷剂的流动阻力损失，即冷凝过程是等压冷凝过程。节流膨胀过程可以用膨胀机，节流膨胀过程是绝热过程，若忽略了膨胀机的不可逆因素，膨胀是等熵膨胀。在蒸发过程中如果不考虑蒸发器中制冷剂的流动压力损失，则整个过程为等压蒸发过程。图3-7为理想制冷循环过程。图3-8为理想制冷循环在 T—S（温—熵）图上的表示。1—2—3—4—1为用膨胀机的制冷循环；1—2—3—4′—1为用节流阀的制冷循环。

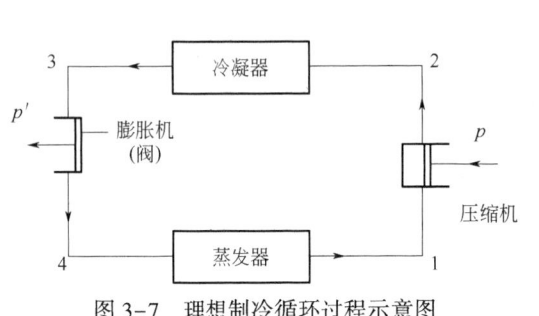

图3-7　理想制冷循环过程示意图

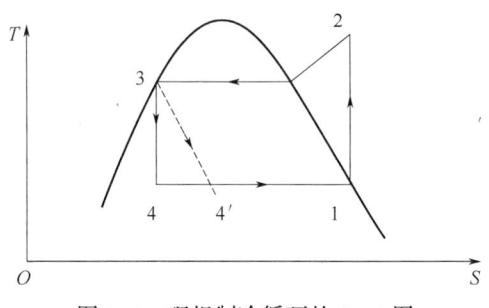

图3-8　理想制冷循环的 T—S 图

2. 实际制冷循环

实际制冷循环和理想制冷循环相比，情况更复杂一些，它要考虑循环过程中的各种不可逆因素，其中压缩机中压缩不是等熵压缩，而是增熵压缩，实际耗功量大于理想耗功量。在冷凝器中由于需要考虑压力损失，从冷凝器进口到出口不是等压过程，而是一个降压过程。在凝结过程中，实际是一个饱和压力和对应的饱和温度不断降低的过程，同时放出热量，由于压损不大，饱和压力和饱和温度降低的幅度不大。膨胀过程是一个典型的不可逆过程。由于膨胀机制造困难，造价高，回收能量少，故一般都用节流阀或毛细管代替。在该过程中压力、温度降低，熵增加。在蒸发器中，由于有压损存在，从蒸发器进口到出口，蒸发压力一直在降低，实际上其饱和压力和饱和温度也跟着降低，同时吸收热量，实现制冷。连接管道也会产生压力损失，对循环也会影响。图3-9为实际制冷循环过程。图3-10为实际制冷循环在 T—S（温—熵）图上的表示。1—2—3—4—1为理想制冷循环；1′—2′—3′—4′—1—1′为实际制冷循环。

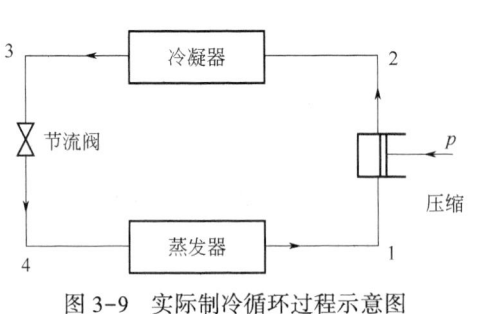

图3-9　实际制冷循环过程示意图

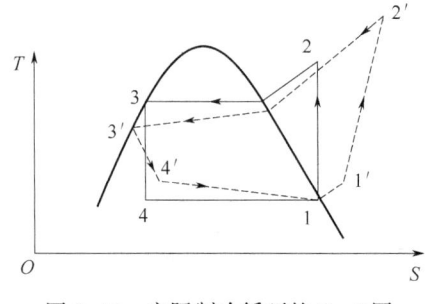

图3-10　实际制冷循环的 T—S 图

图 3-11 是制冷循环在 $p—H$（压—焓）图上的表示，其中循环 1—2—3—4—1 为理想制冷循环，循环 1—2′—3′—4′—1 为实际制冷循环。

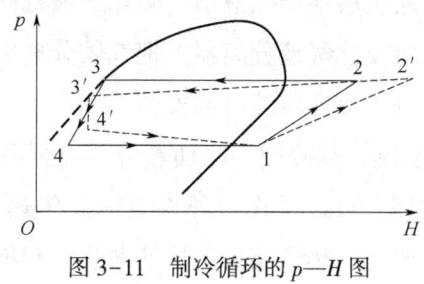

图 3-11　制冷循环的 $p—H$ 图

三、实验仪器

蒸气压缩制冷实验装置如图 3-12 所示，主要由压缩机、油分器、冷凝器、储液罐、干燥过滤器、电磁阀、节流阀、蒸发器、气液分离器、量热器、控制系统、保护系统等组成。

（1）压缩机：整个制冷系统的心脏，其作用是消耗电能来提高制冷剂的压力和温度。

（2）油分器：作用是分离冷冻油和制冷剂蒸气。制冷剂从压缩机出来时带有一定量的冷冻油。如果冷冻油过多地进入冷凝器，会在冷凝器内表面形成一层油膜，该油膜会阻止制冷剂的换热，不利于制冷剂的冷却。根据制冷剂和冷冻油的相容性不同，可以设置或不加油分器。

（3）冷凝器：主要作用是把气态制冷剂 F22（R404a 或 134a）变为液态制冷剂，放出热量。

（4）储液罐：能够稳定整个系统的流动，根据工况不同及时补充或储存系统中的制冷剂，保证在变工况下流出的是液体制冷剂。

（5）干燥过滤器：可以去除系统中的杂质及水分，防止制冷系统冰堵及脏堵。

（6）电磁阀：停机后阻止液体制冷剂进入蒸发器，避免在下次启动时损害压缩机（低温时，防止液击）。

（7）视镜：通过视镜可以观察出制冷剂的流动情况（液态或气态），判断制冷剂充注量是否合适，同时检查制冷剂含水量是否在规定的范围内。

（8）节流阀：节流阀在工程上应用较多的有热力膨胀阀、电子膨胀阀和毛细管。节流阀是制冷设备的关键部件，作用是节流（增加制冷剂流动阻力），使常温高压的液态制冷剂变为低温低压的气液两相的制冷剂，从而使工质的温度低于环境温度，使工质具有制冷能力。

（9）气液分离器：在正常设计范围内，一般进入压缩机的制冷剂都是气态，由于液体不可压缩，液体进入压缩机后会产生液击，破坏压缩机的阀片及转动机构。为防止变工况下液体进入压缩机，故设立气液分离器，把气体分离出来进入压缩机。液体在分离器中经细孔均匀进入压缩机，保证压缩机的安全。

（10）量热器内装有蒸发器、载冷剂、电加热管、油泵电动机。量热器是一个绝热容器，其四周用绝热材料包裹，可以看作与外界绝热（传热量很小，22～30W）。电加热产生的热量和电动机运转产生的热量及量热器的散热之和抵消蒸发器吸收的冷量，使量热器内载冷剂温度稳定。

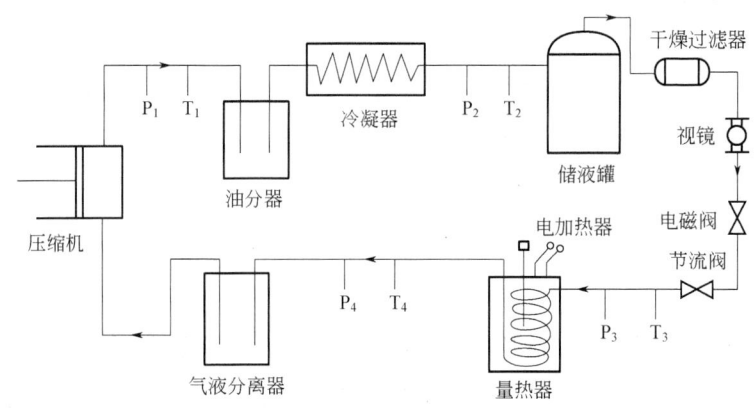

图 3-12　蒸气压缩制冷实验装置示意图

四、实验步骤

（1）打开总电源，电源指示灯和泵压指示灯亮。打开水源开关（当水压指示灯亮时再进行下一步）。

（2）启动冷冻液泵（当冷冻液泵指示灯亮，同时泵压指示灯灭时，才能启动压缩机。）。

（3）启动压缩机。

（4）观察量热器温度的变化，等温度下降到-10℃（参考值）时，打开加热开关，调整加热调压器的电压到140～150V左右，使蒸发器中的水（油）被加热，水温开始上升，等到水温稳定以后（5min，水温不变），记录压缩机出口参数 p_1、T_1，冷凝器出口参数 p_2、T_2，节流阀后参数 p_3、T_3，压缩机进口参数 p_4、T_4，电加热电流 I_a，电加热电压 V_a，油泵电压 V_b、电流 I_b、功率因数 $\cos\varphi_b$，压缩机电流 I_c、电压 V_c、功率因数 $\cos\varphi_c$，量热器水温 t 和当地大气压力 p_b。

(5) 观察制冷剂流动情况。从视镜可以看到制冷剂的流动情况，特别是在压缩机启动和停止时更明显。通过打开照明灯，从视镜可以看到制冷剂的流动情况。

(6) 停机。按下压缩机停止按钮，压缩机停止，按下急停按钮（电加热开关），调压器逆时针旋转到底，3min 后，按下泵停止按钮，泵停止，关闭水源，关闭总电源。

(7) 整理实验仪器及实验台。[收制冷剂：关闭储液罐上供液阀门，观察 p_4，当 $p_4 \leqslant 0$（表压力）时，关闭压缩机的进口阀门，这样就可以把制冷剂收集在高压部分，以免长期不用时泄漏。]

五、实验数据记录及处理

通过该装置可以测量出每个主要部件后的压力 p 和温度 T，同时可以测出压缩机和油泵（水泵）的电流、电压、功率因数，加热管的电流和电压、环境温度、量热器温度。

1. 制冷系数及制冷量的计算

根据逆向卡诺循环，可得

$$制冷系数 = Q_0/W = T_1/(T_2 - T_1)$$

式中　Q_0——从低温热源吸收的热量；

W——制冷系统消耗的电功；

T_1——低热源的热力学温度；

T_2——高热源的热力学温度。

可知制冷系数与 T_1 和 T_2-T_1 有关，当 T_2 一定时，T_1 越高，制冷系数就越大，制冷量就越大，就是说制冷量随低热源（蒸发）温度的提高而增大。

设计一个量热器，如图 3-13 所示。

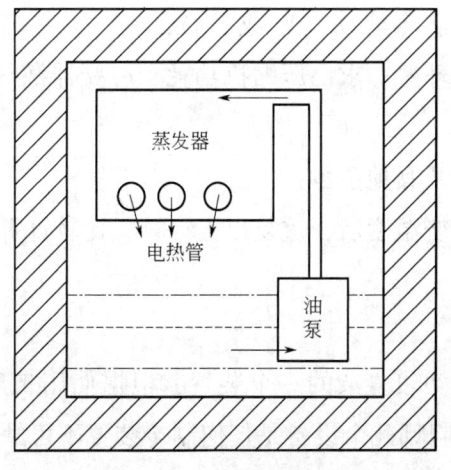

图 3-13　量热器示意图

调整发热量 Q_1（调量热器电压）。Q_1 和 Q_2 之和越大，蒸发器内温度越高，这时，制冷系数增大，制冷量 Q_0 也增大，在一定范围内达到平衡，$Q_0 = Q_1 + Q_2 + Q_3$。

降低 $Q_1 + Q_2$，使蒸发器温度降低，制冷系数也降低，Q_0 也降低，组成一个在较低温度下的稳定制冷循环。所以，通过改变不同的加热量可以得到不同蒸发温度下的制冷循环及其参数、制冷量。

2. 实验数据记录

实验数据记录如表 3-5 及表 3-6 所示。

表 3-5　制冷系数测定实验记录表 1

时间, min	环境温度 t_b, ℃	电加热电流 I_a, A	电加热电压 V_a, V	油泵电压 V_b, V	油泵电流 I_b, A	油泵功率因数 $\cos\varphi_b$	压缩机电流 I_c, A	压缩机电压 V_c, V	压缩机功率因数 $\cos\varphi_c$

表 3-6　制冷系数测定实验记录表 2

时间, min	压缩机出口		冷凝器出口		节流阀后		蒸发器出口（压缩机进口）		量热器水温
	T_1, ℃	p_1, MPa	T_2, ℃	p_2, MPa	T_3, ℃	p_3, MPa	T_4, ℃	p_4, MPa	t, ℃

3. 实验报告

（1）由制冷剂的 p—H 图，查出蒸发温度为 t_0 时制冷机循环的各点焓值（kJ/kg）；

（2）计算单位制冷剂的制冷量（kJ/kg）；

（3）计算制冷机的总制冷量 Q_0（W 或 J/s）；

（4）计算制冷剂的循环量，求出压缩机功耗、冷凝器散热量、冷凝器单位热负荷、压缩机单位耗功；

（5）计算制冷机效率及其他参数；

（6）求制冷系数。改变温度后，重复以上计算，比较计算结果有何不同。

六、思考题

（1）该装置是氟里昂类较复杂的一个装置，根据使用工质不同和工况不同，可以去掉中间的某些装置。请问哪几个设备是任何制冷装置不可缺少的？

（2）为什么 $p_1 > p_2$，$p_3 > p_4$？

(3) 蒸发温度不同时，为什么会引起制冷系数变化？在能满足制冷温度的前提下，是不是制冷温度越低越好？对家庭用冰箱（空调）有什么启示？

七、注意事项

(1) 装置长期不用，在开机前，打开电源 24h 以上才能启动压缩机；
(2) 压缩机停机后，必须等 5min 后才能再开压缩机；
(3) 启动压缩机之前，加热调压器指针回零；
(4) 手切勿接触压缩机出口高温管道，避免烫伤；
(5) 手切勿接触低温管道，避免冻伤；
(6) 手切勿接触表后带电部分，避免触电；
(7) 冬天冷凝器放水，避免结冰损坏冷凝器；
(8) 保持装置清洁，不能在有毒、易燃易爆气体中运行。

第五节 混合体积和偏摩尔体积测定

一、实验目的

（1）用截距法测定乙醇和水在溶液中的偏摩尔体积。
（2）通过实验进一步了解多组分体系中偏摩尔物理量的概念及物理意义。

二、基本原理

一个均匀的多组分溶液体系中，溶液的某个广度性质不等于溶液中各个纯组分的广度性质之和（质量除外）。例如，乙醇与水混合形成的二元溶液，混合后的溶液总体积并不等于混合前乙醇的体积加上水的体积，即

$$V_{溶液} \neq \sum v_i \cdot n_i \tag{3-28}$$

式中，v_i 表示溶液中组分 i 纯态时的摩尔体积，n_i 为溶液中组分 i 的物质的量。因此，溶液中组分 i 的摩尔性质已经不能准确地表示其对溶液体系的真实贡献，必须引用新的概念（即偏摩尔性质）来代替其摩尔性质，用于描述溶液的某个热力学性质。以体积性质为例，应得到如下表达式：

$$V_{溶液} = \sum \overline{V}_i \cdot n_i \tag{3-29}$$

$$v_{溶液} = \sum \overline{V}_i \cdot x_i \tag{3-30}$$

式中，$\overline{V}_i$ 为溶液中组分 i 的偏摩尔体积，$v_{溶液}$ 为溶液的摩尔体积，x_i 为溶液中组分 i 的摩尔浓度。则组分 i 的偏摩尔体积定义式为

$$\overline{V}_i = \left(\frac{V_{溶液}}{n_i} \right)_{T,p,n_{j \neq i}} \tag{3-31}$$

其物理意义是：在 T、p 和 $n_{j \neq i}$ 均不变时，向无限多的溶液体系中加入 1mol 纯物质 i 所引起的溶液体积的变化。因此，溶液中组分 i 的偏摩尔体积代表了其对溶液总体积的真实贡献。

纯组分物质在恒定温度、压力下混合成混合物的过程中，体系性质的变化量称为体系的混合性质或混合性质变化。对于混合体积而言，应为混合后的溶液体积与混合前各纯组分总体积的差值，即

$$\Delta V_{\text{mix}} = V - \sum_{i=1}^{m} n_i v_i = \sum_{i=1}^{m} n_i (\overline{V}_i - v_i) \tag{3-32}$$

式中，v_i 为当前温度和压力下纯组分 i 的摩尔体积。

对于由 A 和 B 两种组分组成的二元溶液，实验测得不同浓度下体系的摩尔体积 v，绘出 v 与 x_B 的关系曲线如图 3-14 所示。在曲线上任一点 C 作曲线的切线 bd，该切线在 $x_B=0$ 的轴上的截距 $\overline{bO}$ 即为点 C 所对应的组成下溶液中组分 A 的偏摩尔体积 $\overline{V}_A$，而在 $x_B=1$ 轴上的截距 $\overline{dO'}$ 即为组分 B 的偏摩尔体积。

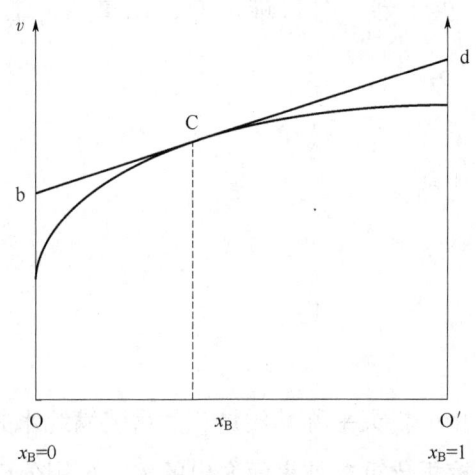

图 3-14 截距法计算二元溶液体系的偏摩尔体积

截距法确定二元溶液中不同组分偏摩尔体积的原理如下：

由图得到经过点 C 的切线 bd 的斜率 k 为

$$k = \left(\frac{v}{x_B}\right)_{T,p} \tag{3-33}$$

由式(3-30)可得：$v = x_A \overline{V}_A + x_B \overline{V}_B = (1-x_B)\overline{V}_A + x_B \overline{V}_B$，代入上面斜率 k 的计算式可得

$$k = \overline{V}_B - \overline{V}_A \tag{3-34}$$

图 3-14 中 C 点的坐标为 (x_B, v)，按照点斜式可得到切线 bd 的方程

$$v = x_A \overline{V}_A + x_B \overline{V}_B = (\overline{V}_B - \overline{V}_A)(x - x_B) \tag{3-35}$$

分别将 $x=0$ 和 $x=1$ 代入切线 bd 的方程得到截距 $\overline{bO}$ 和 $\overline{dO'}$ 的大小为

$$\overline{bO} = v|x=0 = -x_B(\overline{V}_B - \overline{V}_A) + (1-x_B)\overline{V}_A + x_B \overline{V}_B = \overline{V}_A \tag{3-36}$$

$$\overline{dO'} = v|x=1 = (1-x_B)(\overline{V}_B - \overline{V}_A) + (1-x_B)\overline{V}_A + x_B \overline{V}_B = \overline{V}_B \tag{3-37}$$

即切线在 $x_B=0$ 轴上的截距 $\overline{bO}$ 即为点 C 所对应的组成下溶液中组分 A 的偏摩尔体积 $\overline{V}_A$，而在 $x_B=1$ 轴上的截距 $\overline{dO'}$ 即为组分 B 的偏摩尔体积。

需要指出的是，上述原理及方法仅适用于二元溶液中组分 i 的偏摩尔体积的求取，

且图 3-14 中曲线必须是按溶液的摩尔体积而非总体积绘制。

三、实验仪器及试剂

1. 实验仪器

恒温槽，分析天平，烘干器，磨口锥形瓶，比重瓶，量筒，烧杯，移液管，洗耳球。

2. 实验试剂

无水乙醇，纯水，氯化钠。

四、实验步骤

1. 测定比重瓶体积

将比重瓶洗净烘干，用分析天平称其质量，然后装满纯水并塞紧瓶塞。在 298.15K 下恒温约 15min 后取出，擦干比重瓶外表面逸出的水，再用分析天平称重，重复 3 次后取平均值。

2. 测定不同浓度溶液摩尔体积

分别配置摩尔浓度为 20%、40%、60%、80% 和 100% 的乙醇水溶液（或不同浓度的氯化钠水溶液）各 50mL，各溶液所需的溶质和溶剂的物质的量（或质量）应在实验前计算好。然后将配置好的溶液依次装入比重瓶并塞紧瓶塞，并采用与步骤1相同的方法测定不同浓度溶液和比重瓶的质量，计算得到不同浓度溶液的摩尔体积。每个浓度溶液的称重均重复3次取平均值。

五、实验数据记录及处理

求比重瓶的体积

$$V_{比重瓶} = \frac{W_{H_2O}}{0.9907} \tag{3-38}$$

溶液的比容与偏摩尔体积

$$V_{比容} = \frac{V_{比重瓶}}{W_{溶液}} \tag{3-39}$$

将计算得到的不同浓度溶液的摩尔体积作为纵坐标，相应的溶液摩尔浓度为横坐标，采用作图软件进行作图，如图 3-14 所示。用截距法按式(3-35)、式(3-36) 即可求出不同浓度溶液对应的组分偏摩尔体积 $\overline{V}_A$ 和 $\overline{V}_B$。不同溶液的混合体积则由式(3-32)求出。

由偏摩尔体积求得所测溶液的体积 V'，混合后：

$$V' = n_A \overline{V_{A,m}} + n_B \overline{V_{B,m}} \tag{3-40}$$

求混合前两纯物质体积的加和 V：

$$V = \left(\frac{\overline{W_A}}{\rho_A} + \frac{\overline{W_B}}{\rho_B} \right) W_{溶液} \tag{3-41}$$

计算形成溶液的体积变化值-混合体积：

$$\Delta V = V' - V \tag{3-42}$$

列出 $\overline{W}_B$ 和 ΔV 的表格（表3-7），观察总结：物质在溶液中的偏摩尔体积和在单独存在时的摩尔体积不同，而且偏摩尔体积随着浓度的变化而改变。

表3-7 数据处理表格

空瓶质量 $W_{瓶}=$		空瓶质量+水的质量 $W_{瓶+水}=$		
比重瓶的体积 $V_{比重瓶}=$				
水的摩尔体积 $V_{m,水}^*=$				
乙醇的摩尔体积 $V_{m,乙醇}^*=$				
W_B（物质的量分数）	20%	40%	60%	80%	100%
$W_{瓶+溶液}$					
$W_{溶液}$					
$V_{比容}$					
$V_{m,乙醇}$					
$V_{m,水}$					
$n_{水}$					
$n_{乙醇}$					
V					
V'					
ΔV					

六、思考题

(1) 本实验所采用的方法所测密度有几位有效数字？实验的重复性如何？产生误差的原因有哪些？

(2) 如何改进比重瓶的结构可使实验的准确度提高？

（3）为什么恒温槽的温度要高于室温？

（4）偏摩尔量是强度性质还是容量性质？

七、注意事项

（1）恒温槽的温度应比室温略高些。

（2）恒温槽内的水面不要没过比重瓶的磨口处。

（3）比重瓶每次要用待测液润洗两次。

第六节　气体在液体中的溶解度测定

一、实验目的

（1）熟悉气体溶解度测定仪的结构和功能。
（2）掌握气体溶解度的测定原理和方法。

二、基本原理

气体溶解度指该气体在某一给定温度及压强时，溶解在 1 体积溶液里达到饱和状态时的气体体积。如在 0℃、1atm 时，1 体积水能溶解 0.049 体积氧气，则氧气在 0℃ 的溶解度为 0.049。

气体溶解度的大小首先决定于气体的性质，同时也随气体的压强和溶剂温度的不同而变化。例如，在 20℃、压强为 1.013×10^5Pa 的纯水中，氨气的溶解度是 702，氢气是 0.018，氮气是 0.031，说明氨气易溶于水，而氢气、氮气在水里的溶解度很小。一般而言，气体溶解度随温度升高而减少，随压强增大而显著增大，其原因是温度升高时，气体分子运动速率加快，容易从水中逸出；而压强增大时，进入液面的气体分子比从液面逸出的分子多，从而使气体的溶解度变大。

气体溶解度的表示方法：

（1）Bunsen 系数或吸收系数（a）。Bunsen 系数的定义为：一个单位体积的溶剂所吸收的换算到标准状态下（273.15K，1atm）的气体体积。

（2）Ostwald 系数（L）。Ostwald 系数的定义为：在温度 T、气体分压为 p_g 的情况下，气液达到平衡时，单位体积的溶剂所吸收的气体体积，即

$$L=\frac{V_g}{V_s} \tag{3-43}$$

式中，V_g 为溶解的气体体积，V_s 为溶剂体积。

（3）亨利（Henry）常数（H 或 E）。对于溶解度较小的体系，往往服从亨利定律，溶解度与气相中溶解气体的分压成比例，关系式如下：

$$p_g=H \cdot c \tag{3-44}$$

式中，p_g 为气体分压；c 为液相中溶解气体的浓度，通常用单位体积中的质量表示（g/mL）；H 为溶解度常数。

如溶液浓度用摩尔分数表示，则关系式为

$$p_g = E \cdot x \tag{3-45}$$

式中，p_g 为气体分压；x 为溶液中气体组分的摩尔分数；E 为亨利常数。

目前，气体溶解度普遍采用亨利常数或吸收系数来表示。

三、实验仪器及试剂

1. 实验仪器

图 3-15 为气体溶解度测定实验装置示意图，主要由恒温箱、平衡搅拌釜、手摇泵和气体体积测量系统组成。恒温箱内腔尺寸为 550mm×450mm×550mm，温控范围为室温~150℃，带可视前窗及照明。平衡搅拌釜容积为 200mL，最大工作压力 20MPa，底部带有可视视窗。手摇泵容积为 200mL，最大工作压力为 50MPa。气体体积测量系统为 3 只量筒，体积分别为 100mL、500mL 及 500mL。

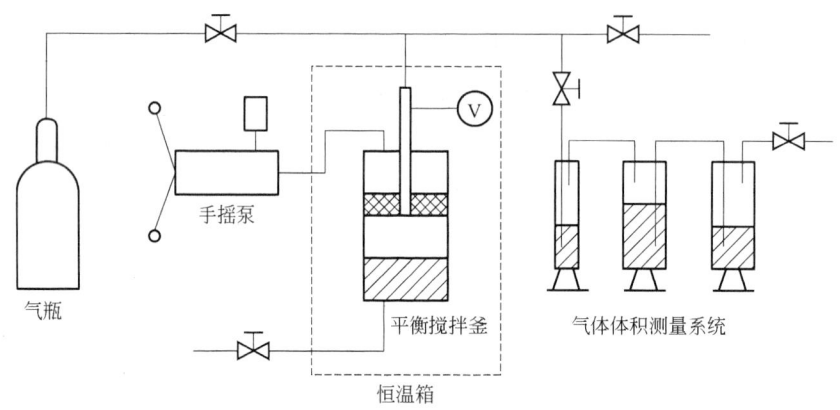

图 3-15 气体溶解度测定实验装置示意图

2. 实验试剂

实验气体及实验液体。

四、实验步骤

在一定温度和压力下，平衡搅拌釜中溶液吸收气体达到饱和状态后，排出适量溶液至气体体积测量系统中。由于压力的降低，溶解的气体会从排出的液体中释放出来并将等体积的水排挤至另一量筒中，读出量筒中排出水的体积，从而得到溶解的气体体积，并求得气体在该条件下的溶解度。具体步骤如下：

（1）平衡搅拌釜的清洗和进液。用真空泵将平衡搅拌釜及管线中残留的空气排出，并吸入去离子水清洗平衡搅拌釜，反复三次至干净，然后吸入适量体积的实验液体。

(2) 控温。启动恒温箱,设定温度,使平衡搅拌釜内的温度达到实验值并保持恒定。

(3) 进气。用实验气体吹扫平衡搅拌釜及管线,然后向平衡搅拌釜中充入一定体积的实验气体,直至压力达到实验值。

(4) 气体溶解与数据记录。开启搅拌的同时开始计时,转动手摇泵维持釜内压力稳定,并记录手摇泵读数随时间的变化数据,当平衡搅拌釜内气体压力稳定 4h 不变时,可认为溶解过程达到气液平衡状态,记录此时温度、压力和手摇泵读数。

(5) 排液。依次打开排空阀和排液阀,将平衡搅拌釜内饱和溶液在恒定压力下(转动手摇泵维持恒压)缓慢排入气体体积测量系统中。

(6) 体积测量。关闭排液阀,记下溶剂测量器体积 V_1,待量筒中水不再增加时,记录量筒中水的体积数值 V_2;再排液一次,记下溶剂测量器体积 V_3 和量筒体积 V_4,记录此时室温。

(7) 实验结束。排空釜内和气体体积测量系统中的溶液,将釜内残余气体缓慢排出,并由通风系统排至室外。

五、实验数据记录及处理

实验数据记录如表 3-8 所示。

表 3-8 气体溶解度实验数据记录表

装置号	操作压力 MPa	操作温度 ℃	溶剂体积 mL	室温 ℃	V_1 mL	V_2 mL	V_3 mL	V_4 mL
序号	刻度	序号	刻度	序号	刻度	序号	刻度	

六、思考题

(1) 为何排出液在排出管中不是连续排出?

(2) 排出液流速对实验结果是否有影响?有何影响?

七、注意事项

(1) 实验前确认恒温箱门关闭并密封,否则会造成箱内蒸发器等部位结霜结冰,使恒温箱控温失效。

(2) 释放高压气体时，严禁对人释放和向室内排放。

(3) 如遇停电，必须将设备总电源开关断开，防止因突然来电而出现设备故障。

(4) 严禁实验时打开恒温箱门，严禁将手臂等身体部位伸入恒温箱中。

(5) 搅拌电动机开启后，禁止用手触碰电动机，以免受伤。

第七节 气液相平衡测定

一、实验目的

（1）掌握气液平衡数据测定的方法和技能，熟悉有关仪器的使用方法。

（2）将课本上学到的热力学理论知识与实际运用有机地联系在一起，加深对理论知识的理解和掌握，提高动手能力。

二、基本原理

由于气液平衡体系的复杂性及气液平衡测定技术的不断发展，气液平衡测定也形成了特点各异的不同种类。按压力分，气液平衡测定的种类有常减压气液平衡测定和高压气液平衡测定。高压气液平衡测定的技术相对比较复杂，难度较大。常减压气液平衡测定则相对较易。按形态分，气液平衡测定的种类有静态法和动态法。静态法技术相对简单一些，而动态法测定的技术要复杂一些，但测定较快较准。在动态法里又有单循环法和双循环法。双循环法就是让气相和液相都循环，而单循环法只让其中一相（一般指气相）循环。在一般情况下，常减压气液平衡都采用双循环，而在高压气液平衡中，只让气相强制循环，循环的好处是易于平衡、易于取样分析。

根据对温度及压力的控制情况，气液平衡测定的种类有等温法与等压法之分。一般，静态法采用等温测定，动态法的高压气液平衡测定多采用等温法。

本实验采用的是常压下（等压）双循环法测定乙醇—水的气液平衡数据。

以循环法测定气液平衡数据的平衡器类型很多，但基本原理一致，如图 3-16 所示，当体系达到平衡时，a、b 容器中的组成不随时间而变化，这时从 a 和 b 两容器中取样分析，可得到一组气液平衡实验数据。

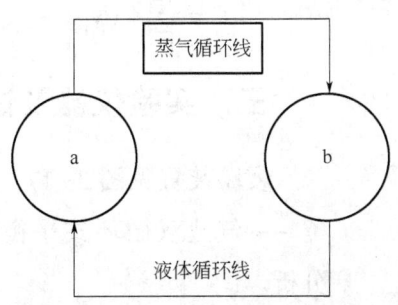

图 3-16 循环法测定气液平衡

当达到平衡时，除了两相的压力和温度分别相等外，每一组分的化学位也相等，即逸度相等，其热力学基本关系为

$$f_i^L = f_i^V \tag{3-46}$$

$$\hat{\varphi}_i p y_i = \gamma_i f_i^0 x_i \tag{3-47}$$

常压下，气相可视为理想气体，即 $\hat{\varphi}_i = 1$，再忽略压力对液体逸度的影响，$f_i = p_i^0$，从而得出低压下气液平衡关系为

$$p y_i = \gamma_i p_i^0 x_i \tag{3-48}$$

式中　p——体系压力（总压）；

　　　p_i^0——纯组分 i 在平衡温度下的饱和蒸气压，可用 Antoine 公式计算；

　　　x_i, y_i——组分 i 在液相和汽相中的摩尔分数；

　　　γ_i——组分 i 的活度系数。

由实验测得等压下气液平衡数据，则可用

$$\gamma_i = \frac{p y_i}{x_i p_i^0} \tag{3-49}$$

计算出不同组成下的活度系数。

本实验中活度系数和组成关系采用 Wilson 方程关联。Wilson 方程为

$$\ln \gamma_1 = -\ln(x_1 + \Lambda_{12} x_2) + x_2 \left(\frac{\Lambda_{12}}{x_1 + \Lambda_{12} x_2} - \frac{\Lambda_{21}}{x_2 + \Lambda_{21} x_1} \right) \tag{3-50}$$

$$\ln \gamma_2 = -\ln(x_2 + \Lambda_{21} x_1) + x_1 \left(\frac{\Lambda_{21}}{x_2 + \Lambda_{21} x_1} - \frac{\Lambda_{12}}{x_1 + \Lambda_{12} x_2} \right) \tag{3-51}$$

Wilson 方程二元参数 Λ_{12} 和 Λ_{21} 采用非线性最小二乘法，由二元气液平衡数据回归而得。目标函数选为气相组成误差的平方和，即

$$F = \sum_{j=1}^{m} \left[(y_{1实} - y_{1计})^2 + (y_{2实} - y_{2计})^2 \right] \tag{3-52}$$

三、实验仪器及试剂

实验装置见图 3-17，其主体为改进的 Rose 平衡釜——气液双循环式平衡釜。样品组成采用折光度分析。

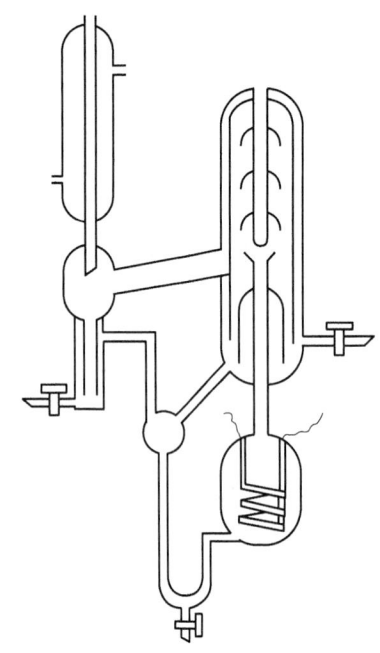

图 3-17　气液相平衡测定仪器示意图

四、实验步骤

(1) 用量筒量取 140~150mL 去离子水、30~35mL 无水乙醇，从加料口加入平衡釜内。

(2) 开冷却水（注意不要开得太大）。

(3) 打开加热开关，调节调压器使加热电压稳定在 200V，待釜液沸腾 2~3min 后，慢慢地将电压降低至 90~130V（视沸腾情况而定，以提升管内的气泡能连续缓慢地上升为准，不可猛烈上冲，也不可断断续续）。

(4) 从气压计上读出大气压数据并记下。

(5) 调节阿贝折光仪的循环水温至 30℃。

(6) 观察平衡釜内气液循环情况，注意平衡室温度变化情况，若温度已连续 15~20min 保持恒定不变，则可以认为已达平衡（为什么？），可以取样分析。

(7) 将一个取样瓶在天平上称重（记下质量 G_1），然后往瓶内加入半瓶左右的去离子水（约 3mL）称重（记下质量 G_2），该含水的取样瓶用于取气相样品。另用一个空瓶（注意不要加水）取液相样品。

(8) 取样前记下平衡温度，并用一烧杯分别从两个取样口放掉 1~2mL 的液体。

(9) 用准备好的两个取样瓶同时取样，取样量约为容积的 4/5。取好样后，立即盖上盖子。然后将气相样品瓶在电光天平上称重（记下质量 G_3），液相不必称重。

(10) 取样后，再向釜内加入 15~20mL 的乙醇以改变釜内组成。

(11) 将气相样品瓶摇晃，使瓶内样品均匀，然后将两个样品在阿贝折光仪上测出折射率，通过 $n(30,D)—x$ 标准曲线查出液相样品的摩尔组成 x、气相稀释样品的组成 y'。

(12) 根据称出的质量（G_1, G_2, G_3）及气相稀释样品的组成 y' 计算出气相组成的原始组成 y，计算公式为

$$y = \frac{18y'(G_3-G_1)}{18(G_3-G_2)-28y'(G_2-G_1)} \quad (3-53)$$

重复上述步骤 (6)~步骤 (12)，进行下一组数据的测定。要求每一小组测定 4~5 组平衡数据。

(13) 结束实验，整理好实验室。

五、实验数据记录及处理

1. 实验条件记录

表3-9　实验条件表

大气压,kPa	系统压力,kPa	室温,℃	加热电压,V

2. 实验数据记录

表3-10　实验数据记录表

序号	平衡温度 ℃	气相					液相		
		G_1	G_2	G_3	$n(30, D)$	y'	$n(30, D)$	x_1	x_2

六、思考题

（1）怎样判断气液两相达到了平衡？为什么？

（2）你所测的数据可信吗？为什么？有哪些因素（主要）影响了你的数据的准确性？操作中哪些地方最值得注意？

七、注意事项

（1）平衡釜开始加热时电压不宜过大，以防物料冲出。

（2）平衡时间应足够。取样前要检查气液相取样瓶是否干燥，装样后要保持密封，因乙醇和环己烷都较易挥发。

（3）测量折射率时，应注意使液体铺满毛玻璃板，并防止挥发。取样分析前应注意检查滴管、取样瓶和折光仪毛玻璃板是否干燥。

第八节 活度系数测定

气相色谱法测定无限稀释溶液的活度系数

一、实验目的

(1) 用气相色谱法测定物质的无限稀溶液的活度系数,并求出其偏摩尔混合热。
(2) 了解气相色谱仪的基本构造及原理,并初步掌握气相色谱仪的使用方法。

二、基本原理

气相色谱主要由四部分组成:(1) 流动相(也叫载气,如 He、N_2、H_2)。(2) 固定相(固体吸附剂或以薄膜状态涂在担体上的固定液,如甘油、液体石蜡等)。(3) 进样器(通常用微量注射器)。(4) 鉴定器(用以检出从色谱柱中流出的组分,由记录仪将信号放大并记录在纸上成为多峰形的色谱图)。

在气相色谱中固定相是液体,流动相是气体,固定液涂渍在固体载体上,涂渍过的载体填充在色谱柱中。当载气将被汽化的样品携带进入色谱柱时,样品中的各组分在色谱柱中被逐一分离,单一组分被载气推动依次流经鉴定器。其时间与相对浓度之间的关系如图 3-18 所示。

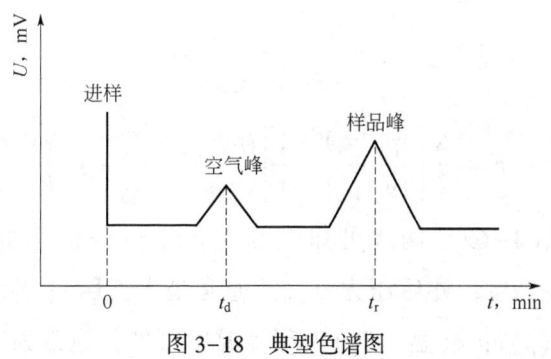

图 3-18 典型色谱图

设组分的保留时间为 t_r(从进样到样品峰顶的时间),死时间为 t_d(从进样到空气峰顶的时间),则组分的校正保留时间为

$$t_r' = t_r - t_d \tag{3-54}$$

组分的校正保留体积为

$$V'_r = t'_r \overline{F}_C \tag{3-55}$$

式中，$\overline{F}_C$ 为柱温柱压下载气的平均流速。

组分的校正保留体积 V'_r 与液相体积 V_l 的关系为

$$V_l C_i^l = V'_r C_i^g \tag{3-56}$$

式中，C_i^l 为组分 i 在液相中的浓度；C_i^g 为组分 i 在气相中的浓度。

设气相是理想气体，则有

$$C_i^g = \frac{p_i}{RT_C} \tag{3-57}$$

而且

$$C_i^l = \frac{\rho x_i}{M} \tag{3-58}$$

式中，p_i 为组分 i 的分压；ρ 为纯液体的密度；M 为纯液体的摩尔质量；x_i 为样品 i 在液体中的摩尔分数；T_C 为柱温。

当气液两相达到平衡时，有

$$p_i = p_s \gamma_i x_i \tag{3-59}$$

式中，p_s 为组分 i 在柱温下的饱和蒸气压；γ_i 为组分 i 的活度系数。将式(3-58) 和式(3-59) 代入式(3-57) 得

$$V'_r = \frac{V_l \rho R T_C}{M p_s \gamma_i} = \frac{W R T_C}{M p_s \gamma_i} \tag{3-60}$$

由式(3-60) 得

$$\gamma_i = \frac{W R T_C}{M p_s V'_r} = \frac{W R T_C}{M p_s t'_r \overline{F}_C} \tag{3-61}$$

$$\overline{F}_C = \frac{3}{2} \left[\frac{(p_b/p_0)^2 - 1}{(p_b/p_0)^3 - 1} \right] \left(\frac{p_0 - p_W}{p_0} \cdot \frac{T_C}{T_a} \cdot F_C \right) \tag{3-62}$$

由式(3-61)、式(3-62) 两式可知，为了求得 γ_i，需下列参数：载气柱后流速 (F_C)；校正保留时间 (t'_r)；柱后压力 (p_0，通常是大气压)；在室温时水的饱和蒸气压 (p_W)；柱前压力 (p_b)；柱温 (T_C)；环境温度 (T_a，通常为室温)；组分 i 在柱温下的饱和蒸气压 (p_s)；固定液的准确质量 (W)；固定液的摩尔质量 (M)。

只要把一定质量的溶剂作为固定液涂渍在载体上，装入色谱柱中，用被测物质作为气相进样，测得上述参数，即可按式(3-61) 计算组分 i 在溶剂中的活度系数 γ_i。因加入溶质的量很少，与固定液构成了无限稀溶液，所以测得的 γ_i 为无限稀溶液的活度

系数。

比保留体积 V_g 是 273.15K 时每 1g 固定液的校正保留体积，与 V_r' 的关系为

$$V_g = \frac{273.15 V_r'}{T_C W} \tag{3-63}$$

将式(3-60)代入式(3-63)中，得

$$V_g = \frac{273.15 R}{M p_S \gamma_i} \tag{3-64}$$

将式(3-64)取对数，得

$$\ln V_g = \ln \frac{273.15 R}{M} - \ln p_S - \ln \gamma_i \tag{3-65}$$

将式(3-65)对 $1/T$ 微分，得

$$\frac{\mathrm{d}\ln V_g}{\mathrm{d}(1/T)} = -\frac{\mathrm{d}\ln p_S}{\mathrm{d}(1/T)} - \frac{\mathrm{d}\ln \gamma_i}{\mathrm{d}(1/T)} \tag{3-66}$$

由式(3-66)得

$$\frac{\mathrm{d}\ln V_g}{\mathrm{d}(1/T)} = \frac{\Delta H_V}{R} + \frac{\Delta H_{\mathrm{mix}}}{R} \tag{3-67}$$

积分式(3-67)可得

$$\ln V_g = \frac{1}{T}\left(\frac{\Delta H_V}{R} + \frac{\Delta H_{\mathrm{mix}}}{R}\right) \tag{3-68}$$

式中，ΔH_V 为组分 i 样品的摩尔汽化热；ΔH_{mix} 为组分 i 的摩尔混合热。如为理想溶液，则 $\gamma_i = 1$，这时式(3-68)右边第二项为零。以 $\ln V_g$—$1/T$ 作图，由直线斜率可得 ΔH_V。如果是非理想溶液，且 ΔH_V、ΔH_{mix} 随温度变化不大，这时以 $\ln V_g$—$1/T$ 作图，由直线斜率可得两个焓变之和，即为气态组分 i 在溶剂中的摩尔溶解热。

三、实验仪器及试剂

1. 实验仪器

气相色谱仪 1 套；微量注射器（5μL，3 只）；精密压力表 1 只；秒表 1 只；皂膜流量计 1 只；氢气发生器 1 台；色谱工作站 1 台；电脑 1 台。

2. 实验试剂

乙醚（A.R.）；丙酮（A.R.）；氯仿（A.R.）；环己烷（A.R.）；乙酸乙酯（A.R.）；

邻苯二甲酸二壬酯（色谱纯）；101 白色担体（80~100 目）。

四、实验步骤

（1）色谱柱的制备。准确称取一定量的邻苯二甲酸二壬酯固定液于蒸发皿中，加适量丙酮稀释，按固定液与担体比为 20 左右来称取 101 白色担体，倒入蒸发皿中浸泡，在红外灯下慢慢加热，使溶剂挥发。在整个过程中切忌温度太高，以免固定液和担体的损失。

将涂好固定液的担体小心装入已洗净干燥的色谱柱中。柱的一端塞以少量玻璃棉，接上真空泵，用小漏斗由柱的另一端加入担体，同时不断振动柱管，填满后同样塞以少量玻璃棉，准确记录装入色谱柱内固定液的质量。

（2）检漏。开启氢气发生器，调节两气路流速大致相同（15~20mL/min），然后堵死柱的气体出口处，用肥皂水检查各接头处，直到不漏气为止。

（3）仪器操作。

① 打开氢气发生器，调节载气针形阀使两气路流速相同（15~20mL/min），并保持稳定。

② 打开主机电源开关（必需确认气体通过热导池后才可开机，防止烧坏热导池元件），设定进样口温度为 100℃，柱温为 80℃，检测室温度为 90℃。然后开启色谱工作站及电脑。

③ 待各路温度升至设定值后，将热导池电流置于 125mA，衰减为 2°。机器稳定后，按"电平"键，调节零调开关使输出电平为零，从电脑中观察基线是否漂移，待基线稳定后，方可进样测定。

（4）样品测定。在准备进样时应正确记录室温、室压、柱温、柱前压力（表压加室压）、柱后载气流速。然后用微量注射器取试样 1μL 左右，再吸入空气 5μL 左右，一次注入气化室。每个样品重复多次，直至其中两次的校正保留时间误差不超过 1%。取其平均值。

（5）重复上述操作，测定其他样品。

（6）改变柱温，每次升高 5℃，重复上面的操作，共做 4~5 个温度值。

（7）实验完毕，先将热导池电流置于 0，然后关闭电脑、色谱工作站和色谱仪的电源开关，待检测室和层析室接近室温时再关闭氢气发生器。

五、实验数据记录及处理

（1）计算各柱温下各试样在邻苯二甲酸二壬酯中的 V_g 和 γ_i。

(2) 以 $\ln V_g$—$1/T$ 作图，求各试样的 ΔH_{mix} 值。

六、思考题

(1) 为什么本实验所测得的是组分 B 在无限稀液体混合物中的活度系数？
(2) 色谱法测定无限稀溶液的活度系数，是否对一切溶液都适用？

【讨论】

(1) 色谱法测定无限稀溶液的活度系数基于以下假设：
① 因样品量非常少，可假定组分在固定液中是无限稀释的，并服从亨利定律，分配系数 K 为常数。且因色谱柱内温差较小，可认为温度恒定。
② 因组分在气液两相中的量极微，且扩散迅速。气相色谱中的动态平衡与真正的静态平衡十分接近，可假定色谱柱内任何点均达到气液平衡。
③ 将气相作为理想气体处理。
④ 固定液将担体表面覆盖，担体不吸附组分。

(2) 利用气相色谱法测定活度系数具有简便、快速、样品用量少且结果较准确的特点，比经典方法用时少，误差小。

(3) 色谱法测定无限稀溶液的活度系数仅限于那些由一高沸点组分和一低沸点组分组成的二元体系。此外该方法只能测定高沸点组分液相浓度为 1、低沸点组分液相浓度趋近于 0 时低沸点组分的无限稀释活度系数，能测定有限浓度下的活度系数。反之则不能。

七、注意事项

(1) 在进行色谱实验时，必须按照实验规程操作。实验开始前，首先通入载气，后开启电源开关。实验结束时，先关闭电源，待层析室和检测室温度降至室温时，再关闭载气，以防烧坏热导池元件。
(2) 微量注射器使用要谨慎，切忌把针芯拉出筒外。注入样品时，动作要迅速。
(3) 固定液在实验中应防止流失，否则必须在实验后进行校正，或采用在柱前装预饱和柱等措施。

用紫外分光光度计测定萘在硫酸铵水溶液中的活度系数

一、实验目的

(1) 了解紫外分光光度计测定萘在硫酸铵水溶液中活度系数的基本原理。

(2) 用紫外分光光度计测定萘在硫酸铵水溶液中的活度系数,并求出极限盐效应常数。

(3) 了解和初步掌握紫外分光光度计的使用方法。

二、基本原理

化合物分子内电子能级的跃迁发生在紫外及可见区的光谱称为电子光谱或紫外—可见光谱。通常紫外—可见分光光度计的测量范围在200~400nm的紫外区及400~1000nm的可见区及部分红外区。

许多有机物在紫外光区具有特征的吸收光谱,对具有π键电子及共轭双键的化合物特别灵敏,在紫外光区具有强烈的吸收。

因萘的水溶液符合朗伯—比耳(Lambert—Beer)定律,可用三个不同波长($\lambda = 267nm$,$\lambda = 275nm$,$\lambda = 283nm$)的光,以水作参比,测定不同相对浓度的萘水溶液的吸光度,以吸光度对萘的相对浓度作图,得到三条通过零点的直线。

$$A_0 = kC_0 l \tag{3-69}$$

式中,A_0为萘在纯水中的吸光度;C_0为萘在纯水中的溶液浓度;l为溶液的厚度;k为吸光系数。

对于萘的盐水溶液,用相同的波长进行测定,并绘制A—λ曲线,即可确定吸收峰位置(图3-19)。

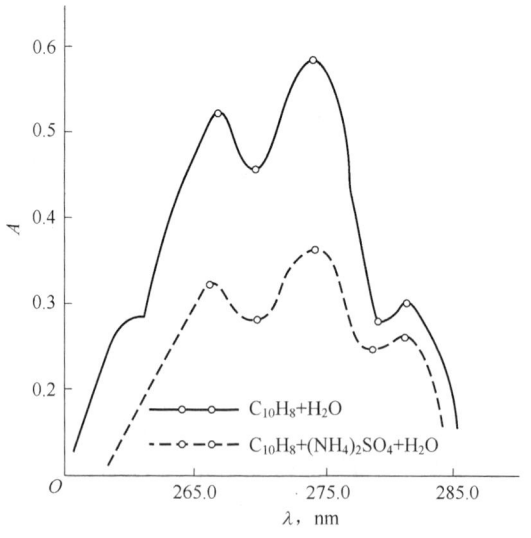

图3-19 萘—盐水溶液吸收光谱

从图3-19可以看出,萘在水溶液中和盐水溶液中,都是在$\lambda = 267nm$、275nm、

283nm 处出现吸收峰，吸收光谱几乎相同，说明盐（硫酸铵）的存在并不影响萘的吸收光谱。两种溶液中的消光系数是一样的，则

$$A = kCl \tag{3-70}$$

式中，A 为萘在盐水溶液中的吸光度；C 为萘在盐水中的浓度。

把盐加入饱和的非电解质水溶液，非电解质的溶解度就起变化。如果盐的加入使非电解质的溶解度减小（增加非电解质的活度系数），这个现象叫盐析，反之叫盐溶。

早在 1889 年 Setschenon 提出了盐效应经验公式

$$\lg \frac{C_0}{C} = KC_S \tag{3-71}$$

式中，K 为盐析常数；C_S 为盐的浓度（单位为 mol/dm^3）。如果 K 是正值，则 $C_0 > C$，这就是盐析作用；如果 K 是负值，则 $C_0 < C$，这就是盐溶作用。

当纯的非电解质和它的饱和溶液成平衡时，无论是在纯水或盐溶液里，非电解质的化学势是相同的，即

$$a = \gamma C = \gamma_0 C_0 \tag{3-72}$$

式中，γ、γ_0 为活度系数。

$$\lg \frac{\gamma}{\gamma_0} = \lg \frac{C_0}{C} = KC_S \tag{3-73}$$

通过测定萘水溶液的吸光度与萘盐水溶液的吸光度就可以求出活度系数。

本实验是测定萘在不同浓度的硫酸铵溶液中的活度系数，了解萘在液体中的溶解度随硫酸铵的浓度增加而下降的趋势，硫酸铵对萘起盐析作用。

三、实验仪器及试剂

1. 实验仪器

紫外分光光度计 1 台；容量瓶（50mL 6 只，25mL 3 只）；锥形瓶（25mL，6 只）；刻度移液管（25mL 1 支，10mL 1 支）。

2. 实验试剂

萘（A.R.）；硫酸铵（A.R.）。

四、实验步骤

1. 溶液配置

（1）在 25℃下制备萘在纯水中的饱和溶液 100mL。然后取 3 只 25mL 容量瓶，分别

配制相对浓度为 0.75、0.5、0.25 的萘水溶液。

（2）取 6 只 50mL 的容量瓶配制 $1.2mol/dm^3$、$1.0mol/dm^3$、$0.8mol/dm^3$、$0.6mol/dm^3$、$0.4mol/dm^3$、$0.2mol/dm^3$ 的硫酸铵溶液；然后将每份溶液倒出一半至 25mL 锥形瓶中，加入过量萘使溶液成为饱和萘盐水溶液。

2. 光谱测定

（1）用 5mL 饱和萘水溶液与 5mL 水混合，以水作为参比液，测定 $\lambda = 260 \sim 290nm$ 间萘的吸收光谱。

用 5mL 饱和萘水溶液与 5mL $1mol/dm^3$ 硫酸铵溶液混合，用 5mL 水加 5mL（$1mol/dm^3$）硫酸铵溶液为参比液，测定 $\lambda = 260 \sim 290nm$ 间萘的吸收光谱。

（2）以水作为参比液，分别用 $\lambda = 267nm$、$275nm$、$283nm$ 的光测定不同浓度的萘水溶液的吸光度。

（3）用同浓度的硫酸铵水溶液作为参比液，在 $\lambda = 267nm$、$275nm$、$283nm$ 波长处分别测定不同浓度的饱和萘—硫酸铵水溶液的吸光度。

五、实验数据记录及处理

（1）根据所得不同浓度萘水溶液的吸光度值对萘溶液的相对浓度作图，得三条通过零点的直线，求出吸光系数 k。

（2）根据测得的不同浓度的硫酸铵饱和萘溶液的吸光度计算出一系列活度系数 γ 值（γ_0 作为 1），以 $\lg\gamma$ 对硫酸铵溶液的相应浓度作图，应呈直线关系。

（3）从图上求出盐析常数 K。

六、思考题

（1）本实验中把萘在纯水中的饱和溶液的活度系数假设为 1，试讨论其可行性。

（2）如果用 $\lambda = 267nm$、$275nm$、$283nm$ 的光测定萘在乙醇溶液中的含量是否可行？

（3）通过本实验是否可测定其他非电解质在盐水溶液中的活度系数？

（4）影响本实验的因素有哪些？

（5）为什么要测定（$\lambda = 260 \sim 290nm$）的萘水溶液及萘盐水溶液的吸收光谱？

【讨论】

（1）盐效应表示离子与水分子之间静电力以及离子和非电解质间色散力二者大小的比较，如果静电力大于色散力结果造成盐析。

（2）从实验数据可看出，硫酸铵的加入对萘起盐析作用。萘的溶解度随硫酸铵浓度的增加而下降，活度系数增大。

七、注意事项

（1）本实验对所用试剂萘和硫酸铵纯度要求较高，可以通过再结晶处理，提高试剂纯度，满足实验需要。

（2）萘水饱和溶液和萘的盐水饱和溶液的饱和度一定要充分，可以通过振荡器使其充分饱和。

第九节　油藏流体相平衡测定

一、实验目的

(1) 学习油藏流体 PVT 实验以及最低混相压力细管实验的内容和原理。
(2) 了解三看窗高压釜 PVT 装置以及细管实验装置的测量方法和步骤。
(3) 完成油藏流体常规 PVT 实验和最低混相压力的测定。

二、基本原理

常规 PVT 实验可以为制定油气田开发方案和开展油气藏数值模拟提供必须的基础数据，也可以作为检验和发展热力学模型的依据。其主要内容包括：(1) 现场采集分离器油样和气样；(2) 由分离器油气样品及现场测定的气油比，配制地层流体，并测定其组成；(3) 恒组成膨胀实验（constant composition expansion，CCE），在恒温下测定地层流体的 $p—V$ 关系；(4) 定容衰竭实验（constant volume depletion，CVD），近似模拟压力衰竭开采过程。

对于给定的地层原油和油藏温度，驱替压力和注入气组分组成是影响能否混相的主要因素。在细管模型提供的多孔介质条件下，通过改变驱替压力（或注入气组分组成）的一组实验，获得驱油效率、气油比与注入孔隙体积倍数以及驱油效率与驱替压力（或注入气组分组成）的关系曲线，曲线拐点所对应的压力（或组分组成）即为最低混相压力（或最低混相组成）。

三、实验仪器及试剂

1. 实验仪器

油藏流体 PVT 实验采用美国 RUSKA 公司生产的三看窗高压釜 PVT 装置进行，流程如图 3-20 所示。

装置的核心部分是 $400 cm^3$ 的三看窗高压釜，其正面有三个玻璃看窗，最高操作温度为 150℃，最高操作压力为 69MPa。整个釜置于空气恒温浴（空气浴控温波动小于 ±0.1℃）内，并可作 180°旋转（顶、底倒置）。利用油气与压力介质水银的密度差（本装置增压介质为液体汞，有些装置采用活塞式），由电动机带动釜在水平侧卧位置上下摇动，达到搅拌加速平衡的目的。

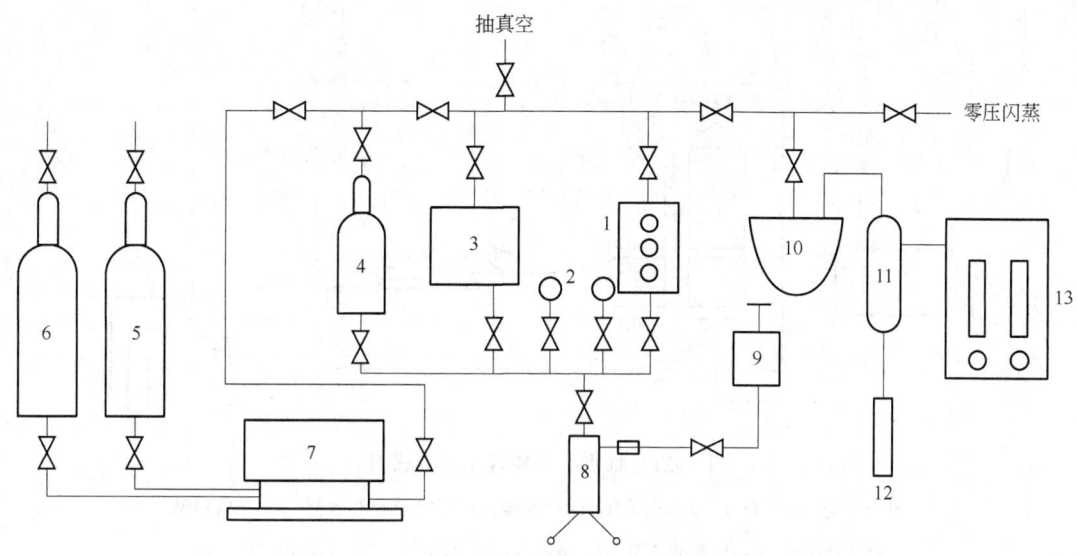

图 3-20　三看窗高压釜 PVT 实验装置流程示意图

1—三看窗高压釜；2—压力表；3—油浴釜；4—油样瓶；5—气样瓶；6—CO_2 气瓶；7—无油润滑压缩机；8—手动水银泵；9—水银储罐；10—冷阱；11—气体取样管；12—量筒；13—双筒气量计

　　三看窗高压釜内液相体积由光学反射系统测量界面高度而得。空气浴外部装备一游标高位尺，游标与一望远镜相接，望远镜的上、下各装一强光探照灯。来自探照灯的光线经反射镜转 90° 射入三看窗高压釜内，此时可调整望远镜高度观测釜内气—油和油—汞界面高度，由油柱高度（界面高差）与标定曲线分别定出液层和气体体积，油标高位尺最小读数为 0.1mm。

　　压力传递系统通过手动水银泵和高精度压力表及管线连接至三看窗高压釜底阀。手动水银泵既是压力发生装置，又是高压系统体积计量的标准。釜内油气总体积由釜的标定体积减去釜内水银体积而得。手动水银泵最高的工作压力为 69MPa，体积标尺最小分度值为 0.001cm³，两个压力表的量程分别是 69MPa 和 6.9MPa，最小分度分别为 0.034MPa 和 0.0034MPa。气体组成由 HP-5890A 气相色谱仪测定，液体组成由 HP-5880A 气相色谱仪模拟蒸馏测定，分子量由德国 Knauer 公司生产的分子量测定仪按蒸气压下降法测定。

　　最低混相压力细管实验用的仪器如图 3-21 所示。装置的核心部分是细管模型，其长度不小于 12m，内径为 3.5~8mm，内部填充物采用的是粒径为 40~150μm 的洁净石英砂或玻璃珠，细管模型额定工作压力不低于 50MPa，额定工作温度不低于 150℃。

　　恒温浴额定工作温度不低于 150℃，控制温度波动小于 ±0.1℃；高压电动恒压驱替

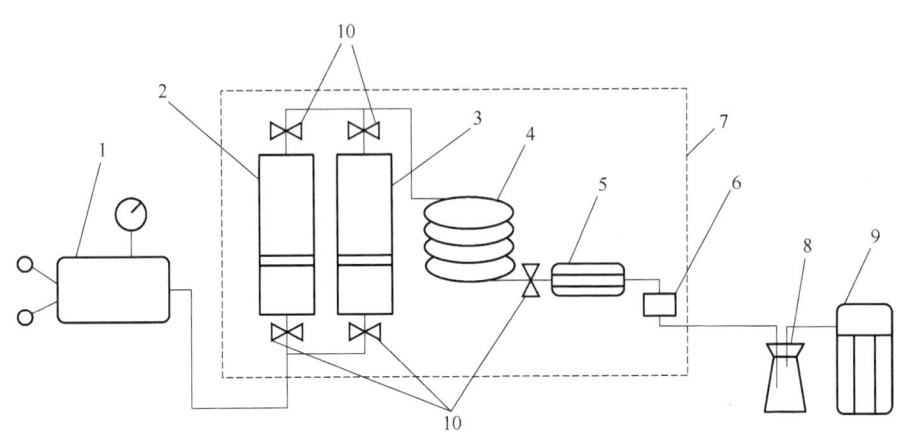

图 3-21 细管实验装置流程示意图

1—高压电动恒压驱替泵；2—地层原油储存容器；3—注入剂储存容器；4—细管模型；
5—高压观察窗；6—回压调节器；7—恒温浴；8—分离瓶；9—气量计；10—阀门

泵容量不低于 250cm³，最小刻度为 0.01cm³，驱替速度 2.5~560cm³/h，额定工作压力不低于 50MPa，控制压力波动小于±0.05MPa；高压观察窗额定工作压力不低于 50MPa，额定工作温度不低于 150℃；标准压力传感器精度不低于 0.1%，压力表不低于 0.1%；密度仪的测量密度值精确到不低于 0.0001g/cm³，控制温度精确到 0.05℃以内。

气相色谱仪天然气组分分析到庚烷以上，摩尔分数精确到 0.0001，原油组分分析到 C_{30} 以上，质量分数精确到 0.0001；分子量测定仪测量范围为 150~700，测量误差不大于 5%；气体计量仪最小刻度为 1cm³；天平量程不低于 160g，感量为 1mg；大气压力表精度为 0.4%；真空泵排量不小于 4L/s，真空度 1.33Pa 以上；活塞容器容积不小于 500cm³，额定工作压力不低于 50MPa，额定工作温度不低于 150℃；气体增压泵额定工作压力不低于 60MPa。

2. 实验试剂

分离器气和分离器油；甲苯。

四、实验步骤

1. 油藏流体 PVT 实验过程

地层流体的配制过程：一是得到一定量的地层流体，供后续 CCE 和 CVD 实验之用；二是测定地层流体的组成。由于样品具有一定压力，所以不能直接进入色谱分析，同时由于送样报告的气油比为一级分离器气对油罐油之比，故需如下实验步骤完成油藏流体的复配：

(1) 用排盐水法取分离器气体，送色谱分析其组成。

(2) 用气体比重瓶测定分离器气体密度（空气比密度为1.0）。

(3) 将部分分离器油闪蒸到大气压（零压闪蒸），测量记录油罐油的质量和密度、闪蒸气体的体积和密度，用气相色谱分析所得油和气的组成。

(4) 由步骤（3）闪蒸数据通过物料平衡计算确定分离器油组成，并根据步骤（1）得到的分离器气体组成，作分离器样品组成分析检验，即 $\ln(K_i p)$ 对 $b_i\left(\dfrac{1}{Tb_i}-\dfrac{1}{T}\right)$ 标绘应为一直线，其中 p 和 T 为分离器压力和温度，Tb_i 为组分 i 的常压沸点，b_i 是与组分 i 临界温度和临界压力有关的常数，如果上述标绘明显不成直线，当可怀疑：分离器在取样时非平衡分离或实验室组成分析有误差。

(5) 由现场提供的气体密度、压缩因子和油罐油密度，以及实验室测定的上述性质，计算校正的气油比。

(6) 由步骤（3）数据计算分离器油闪蒸到常压的收缩系数，从而计算分离器气体积/分离器油体积，进而计算井物流组成。

(7) 将分离器气体通过增压机注入已抽真空（残压小于190Pa）的三看窗高压釜内，釜内气体量可根据CCE压力和气油比等因素预先估算，在恒温达到热平衡后，定压排出少量气体到气体计量计，以测定釜内气体的压缩因子，并准确计算釜内的气体量。

(8) 由步骤（6）、(7) 计算需加入的分离器油量，并将定量分离器油借助水银泵从顶部加入三看窗高压釜内。

(9) 水银由三看窗高压釜底计量加入，将釜内压力升至地层压力以上，使油气混合物处于其露点压力以上的单相状态，并达到热平衡。

(10) 计量排出釜内单相地层流体并闪蒸到常压，同步骤（3）、(4) 计算已配成的地层流体组成，计算得到的组成必须与步骤（6）得到的组成严格相符，否则需要检查原因，重新配样。

由于釜内油气总体积由釜体积与釜内水银体积之差计算，故须十分小心地记录每次开启釜底阀时水银泵的读数和压力。

恒组成膨胀实验过程：对已经配置好的地层流体，在地层温度下，测定 p—V 关系。露点压力通过搜索得到，当压力降至露点时，清亮单相的地层流体因有小液滴生成而呈现雾状，用望远镜可清楚地观察到釜内油气空间骤然变暗。由于降压速度不可能无穷小，压力不平衡会使油气空间局部达到露点而观察到变暗，观察者的反应滞后会使压力降至露点以下。因而，只能靠反复升降压力观察变暗现象，搜索露点压力，最终搜索压力范围小于 0.034MPa。除去常规 PVT 评价要求内容外，本章实验还需在不同温度下测定样品的 p—V 关系，并测定这些温度下降压过程中反凝析液体量。

2. 定容衰竭实验过程

在完成恒组成膨胀实验的 p—V 关系测定后，釜内流体组成未变。将釜内地层流体恢复至地层温度和露点压力后，可继续进行定容衰竭实验，以模拟压力衰竭开采过程。其基本过程是在地层温度下多次重复降压—平衡—排气的过程，直至压力降至弃井压力，每级排气终点是回复至原始地层流体的露点体积。排气时，应计算排出气体体积，测定排出气体的密度和组成。在平衡釜与气量计之间设一冷井，以收集因降压可能从排出气体中反凝析生成的液体，当有液体在冷井生成时，应测定其质量、分子量和密度，并用气相色谱模拟蒸馏分析其组成，以便于计算排出气体的组成和物质的量。

3. 最低混相压力的样品准备

最低混相压力（MMP）测定过程可分为以下两部分，分别是实验前的准备工作和最低混相压力的测定。

（1）将细管模型恒温到实验温度，依次用一定体积的甲苯清洗细管模型，直到色谱分析结果表明细管已完全清洗干净为止，用干燥的高压氮气吹干细管中的溶剂，用高压氮气对实验流程进行试漏检查，保证流程无渗漏。

（2）抽真空细管至 200Pa 后，继续抽 12h 以上。

（3）用驱替泵将甲苯充满并冲洗至细管进口阀前的管线，将压力增至所需的实验压力，记录该压力下的初始泵读数。

（4）开启细管进口阀，进泵注入甲苯，增压到相同的实验压力，待压力充分稳定后，记录此时进泵的读数，泵体积读数之差经校正后即为细管模型的孔隙体积 (V_{si})。

（5）采用类似方法，测定细管模型出口阀与回压调节器之间的体积，其与细管模型孔隙体积之和即为细管模型的总孔隙体积 (V_{sti})。

4. 最低混相压力的测定

1) 地层原油样品的饱和

（1）将地层原油样品恒温到实验温度 4h 以上，用驱替泵将样品增压至实验压力以上，充分搅拌，使其成为单相。

（2）在保持实验压力和实验温度恒定的情况下，缓慢开启地层原油样品容器出口阀和细管模型入口阀，用地层原油样品顶替细管中的甲苯，驱替速度为200~500cm/h。

（3）当原油样品驱替2.0倍孔隙体积后，每隔0.1~0.2倍孔隙体积，在细管出口端测量产出的油、气体积，并取油、气分析其组成，如果产出样品的组分组成、气油比均与地层原油样品一致，停止驱替。

2) 驱替实验

（1）将注入气样品在实验温度下恒温2h以上。

（2）用注入气充满并冲洗至细管模型入口阀的管线，将注入气压力调整到实验压力，记录该压力下泵的读数。

（3）在实验温度、压力和恒定的注入速度下，用注入气驱替细管模型中的地层原油样品，驱替速度一般为100~300cm/h，每注入0.1~0.2倍孔隙体积，测量一次产出油、气体积，记录泵的读数、注入压力和回压，并可测定产出油、气的组分组成与性质。注意观察高压观察窗中流体的相态和颜色变化。

（4）当观察窗中流体的颜色由黑变浅后认为气体突破，之后尽量加大数据采集密度。

（5）当累积进泵超过1.20倍孔隙体积或不再产油后，停止驱替。

3) 最低混相压力的确定

在地层原油饱和压力以上选取4~6个实验压力分别进行细管驱替实验，一般首先在原始地层压力下进行驱替实验，根据气体突破时原油的采出率是否超过90%判定是否混相及其与混相的差距，采用逐次逼近最低混相压力的方法，确定其驱替实验压力，在混相段和非混相段应至少各有三个以上的实验压力点。

五、实验数据记录及处理

1. 实验数据记录

实验数据记录如表3-11、表3-12和表3-13、表3-14所示。

表3-11　分离器油、分离器气和地层流体摩尔组成

摩尔组成	分离器气	分离器油	地层流体
总计			

表 3-12 地层流体恒组成膨胀实验结果

$T=$ _____ ℃

压力,MPa	V/V_s^*	Z	V_β/V_s,%

表 3-13 地层流体定容衰竭实验反凝析液体积随压力的变化关系

压力,MPa	V_β/V_s^{**},%

注：＊为地层压力，＊＊为露点压力。

表 3-14 地层流体定容衰竭实验各压力级的井物流组成分析结果

组分	各级压力,MPa	
总计		
C_7^+分子量		
C_7^+密度,kg/m³		
气相压缩因子		
累积回收率（摩尔分数）,%		

2. 实验数据处理

细管模型孔隙度的计算见式(3-74)：

$$\Phi_i = 4V_{si}/(\pi D^2 L) \tag{3-74}$$

式中 Φ_i——某实验压力和温度下的细管模型孔隙度；

V_{si}——某实验压力和温度下的细管模型孔隙体积，cm³；

D——细管内径，cm；

L——细管进口阀至出口阀之间的长度，cm。

注入孔隙体积倍数的计算公式见式(3-75)：

$$pV_i = V_i/V_{sti} \tag{3-75}$$

式中　pV_i——第 i 时刻的注入孔隙体积倍数；

　　　V_i——第 i 时刻的累积注入体积，cm^3。

气油比的计算见式(3-76)：

$$GOR_i = T_0 p_i V_{gi} / (p_0 T_1 V_{oi}) \tag{3-76}$$

式中　GOR_i——第 i 时间间隔内采出样品的气油比，cm^3/cm^3；

　　　T_0——标准温度，293.15K；

　　　p_i——实验时大气压力，MPa；

　　　V_{gi}——第 i 时间间隔内采出气体在室温、大气压力下的体积，cm^3；

　　　p_0——标准压力，MPa；

　　　T_1——室温，K；

　　　V_{oi}——第 i 时间间隔内采出脱气油的体积（20℃时），cm^3。

累积驱油效率的计算见式(3-77)：

$$R_i = V_{toi} B_{oi} / V_{sti} \tag{3-77}$$

式中　R_i——第 i 注入孔隙体积倍数时的累积驱油效率；

　　　V_{toi}——第 i 注入孔隙体积倍数时的累积采出脱气油体积（20℃），cm^3；

　　　B_{oi}——在实验室温度和压力下的地层原油体积系数。

最低混相压力的确定：绘制各次细管实验注入1.20倍孔隙体积时驱油效率与驱替压力的关系曲线图，非混相段与混相段曲线的交点所对应的压力即为最低混相压力（MMP）。

六、思考题

（1）定容衰竭实验中，国内外现行的标准实验方法是：首先记录地层流体的露点体积（通过水银泵标尺位置），在退泵降压平衡后，排气过程进行至恢复原露点体积（即泵回复至露点标尺位置）为止。这个通用的定容衰竭实验方法是否严格？如若不严格，为什么？

（2）测量油藏流体的最低混相压力的意义是什么？

七、注意事项

（1）细管实验所用溶剂甲苯具有一定的毒性和较强的挥发性，对人体健康和环境具有一定危害，使用时必须采取安全防护措施，并保证实验室拥有良好的通风抽风设施。

（2）使用过的废弃溶剂不能随意抛洒、倾倒，应按照规定送至相关部门统一处理。

第十节 流体密度测定

常压流体密度测定（振荡管法）

一、实验目的

(1) 了解振荡管法测量密度的原理。
(2) 学习振荡管法测量常压流体密度的方法及操作步骤。
(3) 探究常压下正癸烷密度随温度的变化趋势。

二、基本原理

密度是化合物分析测试中常用的物理常数之一。液体密度常用的测量方法有密度计法、韦氏天平法、比重瓶法、振荡管法等。本实验采用 U 形振荡管法测量流体密度，利用电磁引发 U 形管产生振荡，管内不同物质的振动频率各不相同，物质的振动频率与密度有关，通过对被测物质与参考标准物质之间的频率差异推算出物质的实际密度。

DMA 4200M 密度计把 U 形振荡管、集成一体的参比振荡管、高精度的铂金温度计和全范围的黏度修正等众多特点集合到一起来精确地测量密度。工作原理是向 U 形管振荡管内注入样品后，仪器激发 U 形管传感器，使之发生共振，振动传感器测量得到 U 形管的振动周期。物质频率是管内填充物质质量的函数，当物质的质量增加时，频率会降低，即振动周期增加。U 形管有固定的特征频率，当 U 形管内充满物体后其频率会发生变化，不同的物质频率变化不同。测量时选择某些物质作为标准物质，测量频率后通过被测物质与标准物质之间振荡频率的差值计算出被测物质的密度值。

三、实验仪器及试剂

1. 实验仪器

实验装置如图 3-22 所示，主要由 DMA 4200M 密度计和注射器组成。DMA 4200M 密度计温控范围为 -10~200℃。将液体用注射器注入密度计内置的 U 形管后，通过仪器自带的加热模块自动精确控温。进样后，启动测量程序，仪器可自动完成升温、恒温、记录密度等步骤。

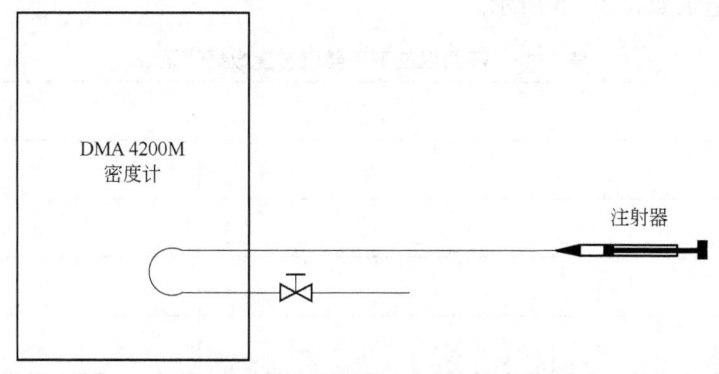

图 3-22　常压流体密度测量实验装置示意图

2. 实验试剂

正庚烷（A.R.）；正癸烷（A.R.）；去离子水（A.R.）。

四、实验步骤

（1）校正。测量前，需采用一种高于正癸烷密度的液体和一种低于正癸烷密度的液体进行校正。本次校正使用水作为高密度液体，正庚烷作为低密度液体，二者沸点均高于设置的温度上限，且可查得各个温度下的密度文献值。开启设备的"宽范围校正"程序，自主设定名称，水和正庚烷的"温度上限"均设定为60℃，"温度下限"均设定为20℃，"步长"均设定为10℃。按照设备指示，向样品池内缓缓注入低密度样品正庚烷，待设备稳定后，按显示屏提示输入正庚烷60℃下的密度值，再点击"确定"。设备记录该数值后，自行降温至50℃，再按提示输入密度值；之后设备自行降温至40℃，按提示输入该温度下的密度值，温度降到30℃和20℃时，分别输入相应的密度值。

（2）测量压力为常压，温度分别为60℃、50℃、40℃、30℃、20℃时正癸烷的密度。用注射器将正癸烷注入样品池中，点击"开始"，此时显示屏显示"区域（通道）"，在压力（bar）对应位置输入"0"，按提示点击"开始"，再点击显示屏下面一栏中的"设置"，找出"样品名"，点击修改样品名以方便实验结束后找出测量数据，修改后点击"确定"。设备将自行测量密度值，待测量结束后，设备提示测量已完成，点击"菜单"—"测量数据浏览"—"测量数据"，记录测量数据。

（3）测量结束后，将样品池中的正癸烷排出，注入乙醇清洗样品池，清洗完成后，点击"风机"，吹干样品池。整理仪器，关闭电源。

五、实验数据记录及处理

实验数据记录如表 3-15 所示。

表 3-15　不同温度下正癸烷密度数据记录表

序号	T, K	ρ, g/cm^3
1		
2		
3		
4		
5		

将测量过程中的 ρ—T 数据作图，举例如图 3-23 所示，得到不同温度下正癸烷密度数据图。根据图像，分析温度对正癸烷密度的影响，并与文献值对比。

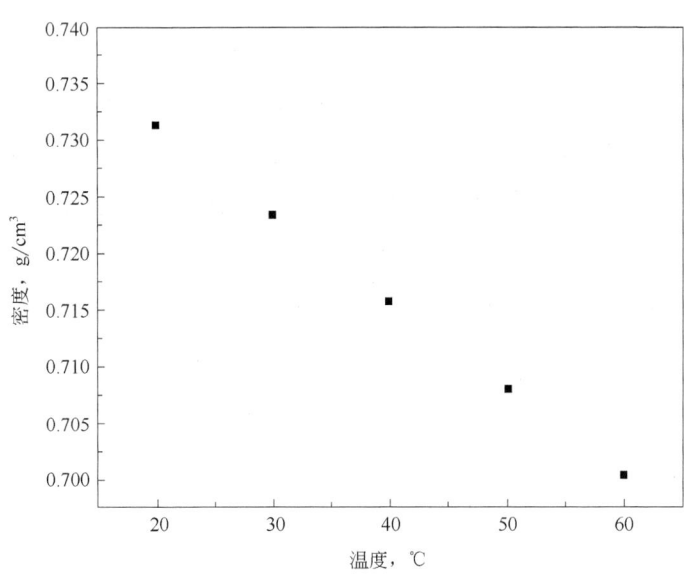

图 3-23　常压不同温度下正癸烷密度数据图

六、思考题

（1）温度对正癸烷密度有什么影响？

（2）温度对其他烷烃或油品的密度是否也有相同的影响？

七、注意事项

（1）在进行实验操作时应检查管路，确保阀门在正确的位置。

（2）如遇停电，必须将密度计总电源开关断开，防止因突然来电而出现故障。

（3）密度计的内置冷却风扇通过仪器的底部和左侧散发热量，应确保气流未被阻塞。

常压流体密度测定（密度计法）

一、实验目的

（1）了解密度计法测量流体密度的原理。
（2）学习密度计法测量流体密度的方法及操作步骤。
（3）探究常压下正癸烷密度随温度的变化趋势。

二、基本原理

把物体放在液体中，浮力将会对它产生与重力反方向的作用力。密度计就是依据物体的重力和它漂浮时受力平衡及阿基米德原理制成的。测量时密度计所受到的浮力等于物体排开液体的重力，而密度计的重力是保持不变的，因此当密度计放入被测液体中时，其浮力也保持不变。同一密度计在待测液体中下沉程度不同，待测样品密度越大，密度计下沉得越少。

三、实验仪器及试剂

1. 实验仪器

实验装置如图 3-24 所示，主要由密度计、恒温浴、量筒（内径比密度计外径至少大 25mm，高度能使密度计下端距离量筒底部至少高 25mm）、温度计组成。

图 3-24　密度计法流体密度测量实验装置实物图

2. 实验试剂

正癸烷（A. R.）。

四、实验步骤

（1）将试样置于恒温浴中，保证温度变化不大于 0.25℃。选取适当密度范围的密度计。

（2）将清洁干燥的量筒、合适的温度计和密度计置于与所测试样温度相同的环境。

（3）将调好温度的试样小心沿壁倒入量筒中，保证试样中无气泡产生。

（4）将选好的清洁的、干燥密度计小心放入试样中，注意液面以上的密度计杆体不得超过两个最小分度值，因为杆体上附着过多液体会影响读数，待其稳定后，按弯月面上沿读数，并估计密度计读数，读准至相应密度计要求精度。读数时，密度计不应与量筒壁接触，眼睛与弯月面上缘 a—b 成同一水平，如图 3-25 所示。

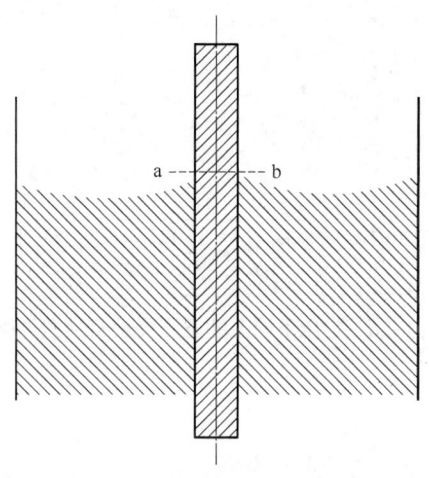

图 3-25　密度计观察示意图

五、实验数据记录及处理

实验数据记录如表 3-16 所示。

表 3-16　不同温度下正癸烷密度数据记录表

序号	T, K	ρ, g/cm^3

续表

序号	T, K	ρ, g/cm³

将测量过程中的 ρ—T 数据作图，举例如图 3-26 所示，得到不同温度下正癸烷密度数据图。根据图像，分析温度对正癸烷密度的影响，并与文献值对比。

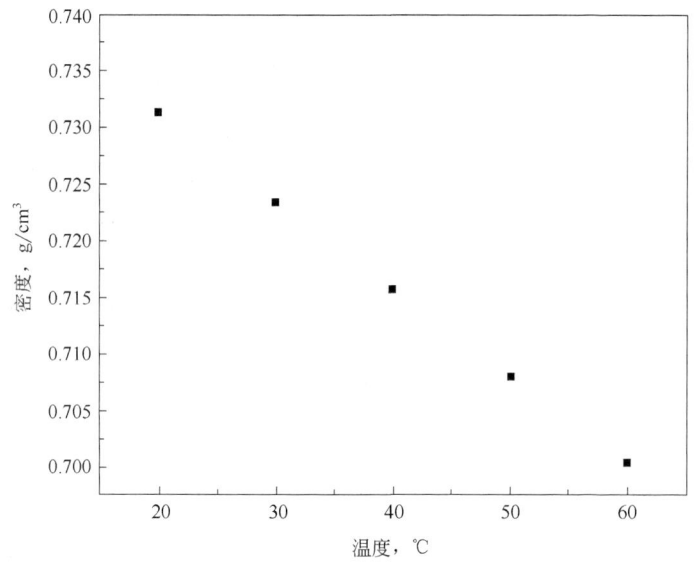

图 3-26　常压不同温度下正癸烷密度数据图

六、思考题

（1）温度对正癸烷密度有什么影响？

（2）温度对其他烷烃或油品的密度是否也有相同的影响？

（3）如何测试易挥发或常温下易凝固样品的密度？

七、注意事项

整个测量过程中密度计不应与量筒壁接触，读数时眼睛与弯月面上缘成同一水平。

常压流体密度测定（比重瓶法）

一、实验目的

（1）了解比重瓶法测量密度的原理。
（2）学习比重瓶法测量流体密度的方法及操作步骤。
（3）探究常压下正癸烷密度随温度的变化趋势。

二、基本原理

密度是在温度 t（℃）时单位体积的质量。比重瓶法测量密度的原理是将样品放入已知规格的容器（比重瓶）内称质量，然后根据相关公式求得待测液体的密度。本方法适用于测定液体或固体石油产品的密度，但不适宜测定高挥发性液体（如液化石油气等）的密度。

三、实验仪器及试剂

1. 实验仪器

比重瓶（瓶颈上带有标线或毛细管磨口塞子，体积为 25mL）如图 3-27 所示，常

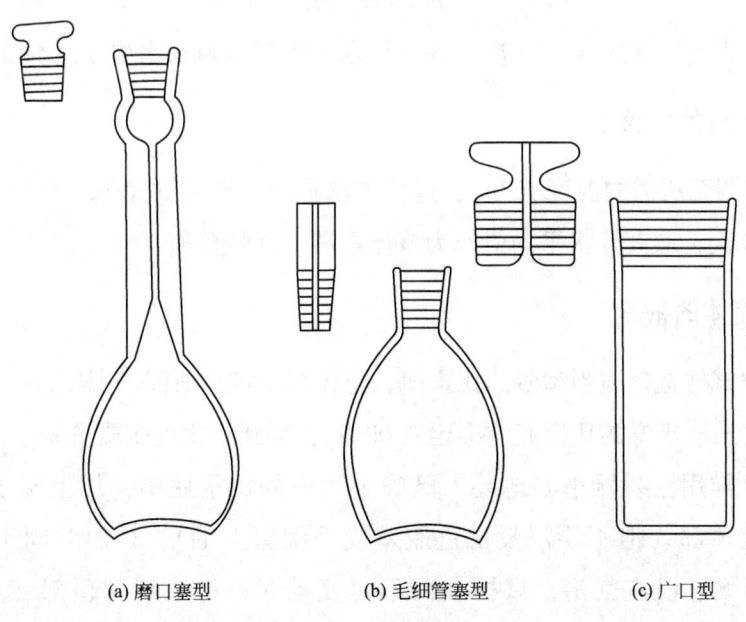

(a) 磨口塞型　　(b) 毛细管塞型　　(c) 广口型

图 3-27　比重瓶装置实物图

见的有三种规格。比重瓶法还需要恒温浴（深度大于比重瓶高度，温度能控制在±0.1℃以内）、温度计（0~50℃或50~100℃，分度为0.1℃）、比重瓶支架等。

2. 实验试剂

正癸烷（A.R.）；去离子水（A.R.）。

四、实验步骤

1. 测定比重瓶20℃时的水值

（1）根据试样选择适当型号的比重瓶，将清洁干燥的比重瓶（比重瓶应清洗到瓶内，外壁上不挂水珠，水能从比重瓶内部或毛细管塞内完全流出）称准至0.0002g，得空比重瓶质量 m_1。

（2）将新煮沸并冷却至18~20℃的去离子水用注射器小心地装满至比重瓶顶端，加上塞子并浸入20℃±0.1℃的恒温浴直到比重瓶顶部（但不要浸没比重瓶塞或毛细管上端），恒温时间不少于30min，待温度达到平衡、没有气泡、试样液面不再变动时，将毛细管顶部（或毛细管中）过剩的水用滤纸（或注射器）吸去。对磨口塞型比重瓶，擦去标线以上试样后盖上磨口盖。取出比重瓶，仔细擦干其外部并称准至0.0002g，得装有水的比重瓶质量 m_2。按下式计算比重瓶温度为20℃时的水值 m_{20}。

$$m_{20} = m_2 - m_1$$

比重瓶水值应重复测定3~5次，取其算术平均值作为该比重瓶的水值。

2. 测定 t 时的水值

将恒温浴调至所需的温度 $t(℃)$，操作方法同上，测定比重瓶 t 时的水值。水值应重复测定3~5次，取其算术平均值作为该比重瓶 t 的水值 m_t。

3. 测定流体的密度

（1）根据试样选择适当型号的比重瓶，将恒温浴调到所需的温度。

（2）将清洁、干燥的比重瓶称准至0.0002g，得到空比重瓶质量 m_1。

（3）将试样用注射器小心地装入已确定水值的比重瓶中，加上塞子并浸入恒温浴直到比重瓶顶部（但不要浸没比重瓶塞或毛细管上端），恒温时间不少于20min，待温度达到平衡、没有气泡、试样液面不再变动时，将毛细管顶部（或毛细管中）过剩的水用滤纸（或注射器）吸去。对磨口塞型比重瓶，擦去标线以上试样后盖上磨口盖。取出比重瓶，仔细擦干其外部并称准至 0.0002g，得装有试样的比重瓶质量 m_3。

五、实验数据记录及处理

（1）液体试样在温度为 20℃时的密度 ρ_{20} 按下式计算：

$$\rho_{20} = \frac{(m_3 - m_1)(0.99820 - 0.0012)}{m_{20}} + 0.0012 \quad (3-78)$$

式中　m_3——20℃时装有试样的比重瓶质量，g；

　　　m_1——空比重瓶质量，g；

　　　m_{20}——温度为 20℃时比重瓶水值，g；

　　　0.99820——水在温度为 20℃时的密度 g/cm^3；

　　　0.0012——温度为 20℃、大气压为 760mm 汞柱时的空气密度，g/cm^3。

（2）液体试样在温度为 t 时的密度 ρ_t 按下式计算：

$$\rho_t = \frac{(m_3 - m_1)(\sigma - 0.0012)}{m_t} + 0.0012 \quad (3-79)$$

式中　m_3——t 时装有试样的比重瓶质量，g；

　　　m_1——空比重瓶质量，g；

　　　m_t——温度为 t 时比重瓶水值，g；

　　　σ——水在温度为 t 时的密度，g/cm^3。

实验数据记录如表 3-17 所示。

表 3-17　不同温度下正癸烷密度数据记录表

序号	T，℃	ρ，g/cm^3

将测定过程中的 ρ—T 数据作图，举例如图 3-28 所示，得到不同温度下正癸烷密度数据图。根据图像，分析温度对正癸烷密度的影响，并与文献值对比。

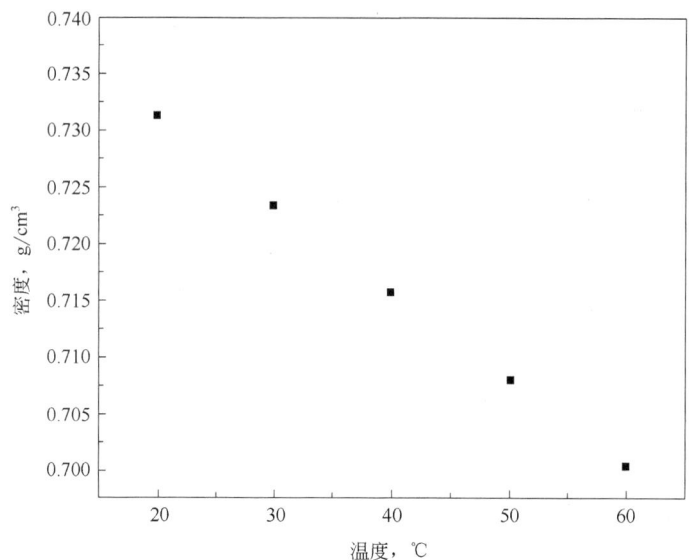

图3-28 常压不同温度下正癸烷密度数据图

六、思考题

(1) 温度对正癸烷密度有什么影响？

(2) 实验测定过程中哪些因素会引起测试误差？

(3) 比重瓶法适于用什么情况下的密度测定？

七、注意事项

(1) 试样内不能有气泡或其他杂质。

(2) 恒温浴温度精密度应控制在±0.1℃以内。

高压流体密度测定（振荡管法）

一、实验目的

(1) 了解振荡管法测量密度的原理。

(2) 学习振荡管法测量高压流体密度的方法及操作步骤。

(3) 探究高压下正癸烷密度随温度的变化趋势。

二、基本原理

同本章第十节"常压流体密度测定（振荡管法）"。

三、实验仪器及试剂

1. 实验仪器

实验装置如图 3-29 所示，主要由 DMA 4200M 密度计、活塞压力容器和加压手摇泵组成。DMA 4200M 密度计温控范围为 -10~200℃，压力范围为 0~50MPa。将液体注入密度计内置的 U 形管后，通过仪器自带的加热模块自动精确控温，操作压力通过外接的加压手泵管路调整。调整到实验所需的固定压力值后，启动测量程序，仪器可自动完成升温、恒温、记录密度等步骤。

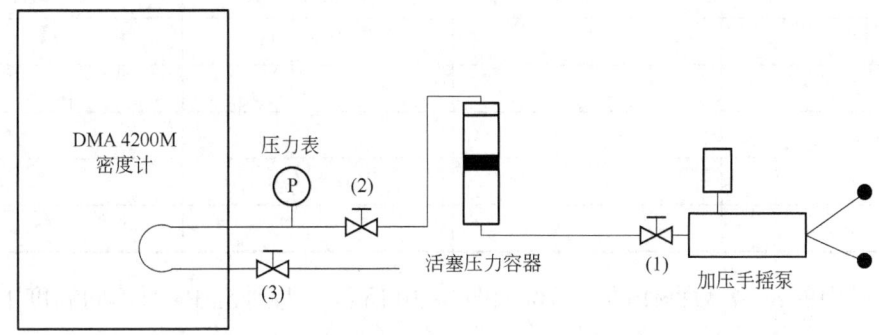

图 3-29　高温高压下流体密度测量实验装置示意图

2. 实验试剂

正庚烷（A.R.）；正癸烷（A.R.）；去离子水（A.R.）。

四、实验步骤

（1）校正。测量前，需采用一种高于正癸烷密度的液体和一种低于正癸烷密度的液体进行校正。本次校正使用水作为高密度液体，正庚烷作为低密度液体，二者沸点均高于设置的温度上限，且可查得各个温度下的密度文献值。开启设备的"宽范围校正"程序，自主设定名称，水和正庚烷的"温度上限"均设定为60℃，"温度下限"均设定为20℃，"步长"均设定为10℃。

（2）按照设备指示，向样品池内缓缓注入低密度样品正庚烷，待设备稳定后，按显示屏提示输入正庚烷60℃下的密度值，再点击"确定"；设备记录该数值后，自行降温至50℃，再按提示输入密度值；之后设备自行降温至40℃，按提示输入该温度下的密度值，温度降到30℃和20℃时，分别输入相应的密度值。

（3）测量压力为5MPa，温度分别为60℃、50℃、40℃、30℃、20℃时正癸烷的密度。推动加压手摇泵，观察外加压力表的示数，达到5MPa后，稳定5~10min，确保压力不改变后点击"开始"，再启动测量程序。

（4）测量结束后，反向转动加压手摇泵，释放压力。压力（表压）变成0MPa后，将样品池中的正癸烷排出，注入乙醇清洗样品池，清洗完成后，点击"风机"，吹干样品池。整理仪器，关闭电源。

五、实验数据记录及处理

实验数据记录如表3-18所示。

表3-18 高压不同温度下正癸烷密度数据记录表

序号	p, MPa	T, K	ρ, g/cm³
1			
2			
3			
4			
5			

将测量中的 ρ—T 数据作图，举例如图3-30所示，得到5MPa时不同温度下正癸烷密度数据图。根据图像，分析温度对正癸烷密度的影响，并与文献值对比。

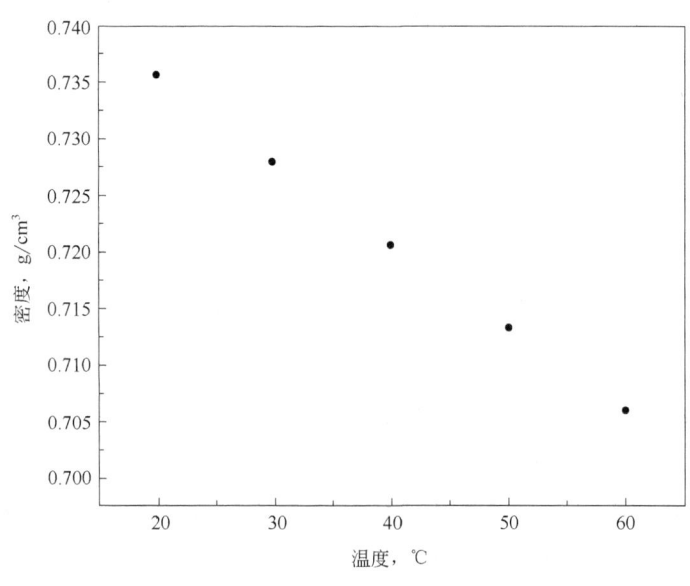

图3-30 5MPa不同温度下正癸烷密度数据图

六、思考题

（1）温度、压力对正癸烷密度有什么影响？
（2）压力对其他烷烃或油品的密度是否也有相同的影响？
（3）密度测定时哪些因素会引起测试误差？

七、注意事项

（1）在进行实验操作前应检查管路，确保阀门在正确的位置。
（2）转动加压手摇泵加压时，注意放慢转动速率使压力缓慢增加。
（3）完成高压不同温度下的密度测量后，确保压力降到常压后再打开阀门，进行仪器清洗工作。
（4）如遇停电，必须将密度计总电源开关断开，防止因突然来电而出现故障。
（5）密度计的内置冷却风扇通过仪器的底部和左侧散发热量，应确保气流未被阻塞。

第十一节　流体黏度测定

常压下流体黏度测定（落球法）

一、实验目的

（1）学习液体黏度测定方法。
（2）了解黏度计的基本构造和黏度的测量原理。
（3）观察常压下液体黏度随温度的变化情况。

二、基本原理

当物体在液体中运动时，物体将会受到液体施加的与其运动方向相反的摩擦阻力的作用，这种阻力称为黏滞阻力，简称黏滞力。黏滞力并不是物体与液体间的摩擦力，而是由附着在物体表面并随物体一起运动的液体层与附近液层间的摩擦而产生的。黏滞力的大小与液体的性质、物体的形状和运动速度等因素有关。

根据斯托克斯定律，光滑的小球在无限广延的液体中运动时，当液体的黏滞性较大，小球的半径很小，且在运动中不产生旋涡，那么从流体力学的基本方程可以导出表示黏滞阻力的斯托克斯公式：

$$F = 3\pi \eta v_0 d \tag{3-80}$$

式中，d 为小球直径。由于黏滞阻力与小球速度 v 成正比，小球在下落很短一段距离后，所受 3 力达到平衡，小球将以 v_0 均匀下落。此时有：

$$1/6 \pi d^3 (\rho - \rho_0) g = 3\pi \eta v_0 d \tag{3-81}$$

式中，ρ 为小球密度，ρ_0 为液体密度。由式（3-81）可解出黏度 η 的表达式：

$$\eta = \frac{(\rho - \rho_0) g d^2}{18 v_0} \tag{3-82}$$

再根据时间和速度的关系，可以推导得出黏度与时间的表达式：

$$\eta = \frac{(\rho - \rho_0) g d^2 t}{18 h} \tag{3-83}$$

在特定角度下，测定特定钢球在不同标准黏度液体中的落球时间，黏度计算公式可以简化为 $\eta = k(\rho - \rho_0)t$，可生成这一特定角度下（本次实验特定角度为 67.5°）黏度与落球时间和钢球、标准液密度差乘积的关系曲线和方程式。

使用标定液得出不同落球时间区间的黏度计算公式，67.5°黏度标定结果见表3-19。将实测液体落球时间数据代入相应落球时间区间的黏度公式，计算得出液体黏度，其中时间单位为s，黏度单位为mPa·s。

表 3-19　落球法黏度标定结果

公式编号	时间范围，s	67.5°黏度公式
1	0.22~0.92	$y = 0.1878x - 0.3055$
2	0.92~1.00	$y = 1.2789x - 7.393$
3	1.00~1.18	$y = 2.211x - 13.946$
4	1.18~1.59	$y = 1.4487x - 7.6511$
5	1.59~2.39	$y = 1.4544x - 7.7147$
6	2.39~6.77	$y = 0.8517x + 2.3524$
7	6.77~12.20	$y = 0.9986x - 4.5816$
8	12.20~23.26	$y = 1.0998x - 13.185$
9	23.26~81.86	$y = 0.9364x + 13.253$

三、实验仪器及试剂

1. 实验仪器

实验装置主要由黏度计主体、控制箱、活塞釜、手摇泵组成，装置示意图如图3-31所示。黏度计主体工作压力为0~70MPa，工作温度范围为0~200℃，采用铸铜一体式加热体结构，不需要外部加热系统，黏度计实物图见图3-32(a)。控制箱用于设置吸球、落球以及实验温度，控制箱体实物图见图3-32（b）。活塞釜和手摇泵用于向黏度计内进样。黏度计主体内液体的温度以及小球落球时间由控制箱体显示。

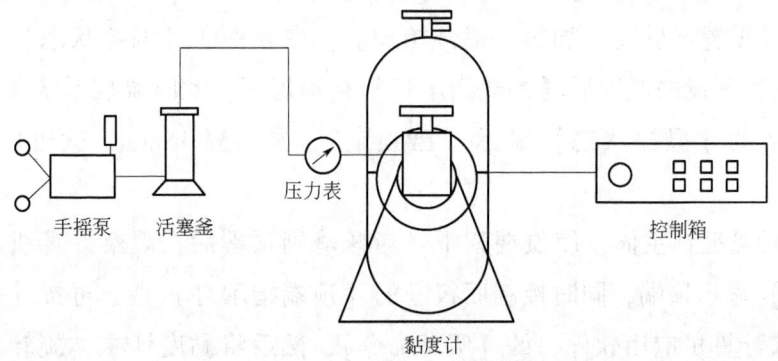

图 3-31　黏度实验装置示意图

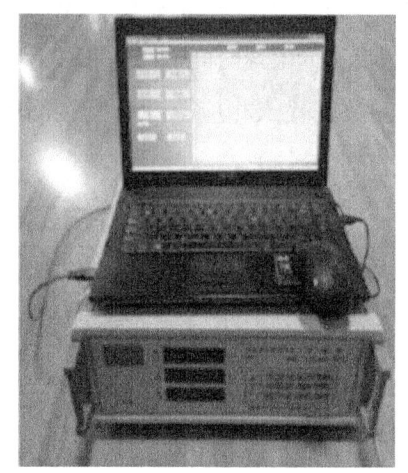

(a) 黏度计　　　　　　　　　(b) 控制箱

图 3-32　实验装置实物图

2. 实验试剂

丙三醇（A.R.）；水（A.R.）。

四、实验步骤

（1）开机前，连接外部管路并进样；在安全无泄漏的情况下，调节黏度计主体地脚螺钉，观察底盘上的水平仪，使水平仪中的气泡处于中心状态；用控制电缆连接线连接黏度计控制箱体与主体，通过 USB 线连接黏度计控制箱体与计算机。检查无误后，连接 220V 电源线并将电源插头插到电源上。

（2）按下【电源】键，打开计算机应用软件，此时当前温度、球位置、温控状态等参数都会显示在应用软件上。

（3）按【操作区】数字键设置好需要测量的温度，如 40℃，先按"设置"键，再按数字键 4 和 0，【设置显示】显示 40 后按"确定"键保存。

（4）温度设置好后按"加热"键开始加温，在软件的【温控状态】显示"加热中"，温度到达预设的温度后【加热指示灯】自动熄灭。此时温控系统会自动调整控温，当软件上的【温控状态】显示"已锁定"，并恒温 15min，就可以开始吸球、落球。

（5）反转黏度计主体，使顶端朝下，当球落到顶端后，观察计算机应用软件上的【球位置】显示顶端，同时控制面板上的【顶端指示灯】亮，再按【操作区】的"吸球"键或计算机应用软件上的【吸球命令】，然后将黏度计主体旋转到需要落球的角度，等待 5s 后按【操作区】的"落球"键或计算机应用软件上的【落球命令】，开始落球。当球落到底端后，计算机应用软件上的【落球时间】会记录时间，即完成了一次测量。按照上面方法多次测量，求得平均值，作为最终落球时间。

五、实验数据记录及处理

（1）记录落球时间，对照表 3-20 计算相应流体和温度下的黏度值。

（2）改变温度测量不同温度下液体的黏度值（表 3-21）。

（3）将实验值与文献值进行对比，得到相对误差。

表 3-20　五次重复测定实验数据记录表

序号	落球时间，s	实测值，mPa·s	平均值	误差，%
1				
2				
3				
4				
5				

表 3-21　常压下不同温度下黏度实验数据记录表

温度，℃	落球时间，s	常压实测值，mPa·s	文献值，mPa·s	误差，%
50				
60				
70				
80				
90				

六、思考题

（1）温度对该实验液体黏度有何影响？

（2）结合实验过程，分析实验误差产生的原因，并根据自己对实验的认识和理解，分析如何有效减少实验误差。

七、注意事项

（1）需确认系统温度稳定后才可以进行落球操作测量。

（2）遵守实验室相关安全规定和实验装置操作流程及要求。

常压下流体黏度测定（毛细管法）

一、实验目的

(1) 学习毛细管法测定运动黏度的方法。

(2) 了解黏度计的基本构造和原理。

(3) 观察常压下液体黏度随温度的变化情况。

二、基本原理

本方法适用于测定液体石油产品（指牛顿流体）的运动黏度，所测得的运动黏度单位为 m^2/s，通常在实际使用中为 mm^2/s。

本方法是在恒定的温度下，测定一定体积的液体在重力下流过一个经标定的玻璃毛细管黏度计的时间（s），黏度计的常数与流动时间的乘积，即为该温度下被测液体的运动黏度。在温度 t 时所测得的运动黏度以符号 ν_t 表示。被测液体的动力黏度为该温度下运动黏度与被测液体的密度之积，单位为 $Pa \cdot s$ 或 $mPa \cdot s$，以符号 η 表示。

用毛细管黏度计测定黏度以泊氏公式为基础：

$$\eta = \frac{\pi p r^4 t}{8VL} \tag{3-84}$$

式中　η——动力黏度，$Pa \cdot s(N \cdot s/m^2)$；

　　　V——通过毛细管的液体体积，m^3；

　　　L——毛细管长度，m；

　　　p——推动液体流动的压力，Pa；

　　　r——毛细管半径，m；

　　　t——液体流过毛细管的时间，s。

当液体靠重力流动时，其压力为

$$p = h\rho g \tag{3-85}$$

式中　h——液柱高度，m；

　　　ρ——液体密度，kg/m^3；

　　　p——推动液体流动的压力，Pa；

　　　g——重力加速度，m/s^2。

将式(3-85)代入泊氏公式，可得

$$\frac{\eta}{\rho} = \nu = \frac{\pi p r^4 hg}{8VL} \cdot t \tag{3-86}$$

设 $C = \frac{\pi p r^4 hg}{8VL}$ 并代入式(3-86)，则得

$$\nu = C \cdot t \tag{3-87}$$

式中，C 为黏度计常数，只与黏度计的几何形状和尺寸有关，通常采用已知 20℃ 黏度的标准油测得。

所以运动黏度的测定，只要用已知常数 C 的黏度计在一定温度下测定试样流过毛细管的时间 t，则可由 $\nu = C \cdot t$ 求得试样的运动黏度。

三、实验仪器及试剂

1. 实验仪器

（1）测定所采用的毛细管黏度计（图 3-33）应该符合 SH/T 0173—1992《玻璃毛细管黏度计技术条件》。毛细管的内径分别为 0.4mm、0.6mm、0.8mm、1.0mm、1.2mm、1.5mm、2.0mm、2.5mm、3.0mm、3.5mm、4.0mm、5.0mm、6.0mm。测量用毛细管黏度计必须按照 JJG 155—2016《工作毛细管黏度计检定规程》进行检定并确定其常数。

测定试样的运动黏度时，应根据试验的温度选用适当的黏度计，务使试样的流动时间不少于 200s，内径 0.4mm 的黏度计流动时间不少于 350s。

（2）带有透明壁或观察孔的恒温浴，其高度不小于 180mm，容积不小于 2L，并且可以自动搅拌且能准确地调节温度。如表 3-22 所示，根据测定条件选择向恒温浴中注入不同的液体。

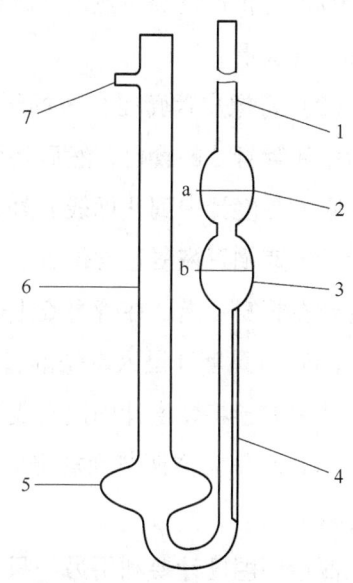

图 3-33 毛细管黏度计示意图

1，6—管身；2、3、5—扩张部分；4—毛细管；
7—支管；a、b—标线

表 3-22 在不同温度使用的恒温浴液体

测定的温度，℃	恒温的液体
100~500	透明矿物油、甘油或 25%硝酸铵水溶液（这些溶液的表面要浮着一层透明的矿物油）
20~50	水
-20~0	水与冰的混合物，或乙醇与干冰（固体二氧化碳）的混合物
-50~0	乙醇与干冰的混合物；在无乙醇情况下，可用无铅汽油代替

(3) 温度计（符合 GB/T 514—2005《石油产品试验用玻璃液体温度计技术条件》）分度为 0.1℃。测定-30℃以下运动黏度时，可以使用同样分度值的玻璃合金温度计或其他玻璃液体温度计。

(4) 秒表，分度为 0.1s。

用于测定黏度的秒表、毛细管黏度计和温度计都必须定期检定。

2. 实验试剂

丙三醇（A.R.）。

四、实验步骤

(1) 试样含有水或机械杂质时，必须先脱水，并过滤机械杂质；装入试样前，必须将黏度计用溶剂油或石油醚洗涤，如果黏度计沾有污垢，则用铬酸洗液、水、蒸馏水或95%乙醇依次洗涤。然后放入烘箱（温度不得高于100℃）烘干，或用经过棉花过滤的热空气吹干。

(2) 将橡皮管套在合适的干燥、干净的黏度计支管 7 上，将黏度计倒置，并用大拇指堵住管身 6 的管口，然后将管身 1 的一端插入试样中，用橡皮球从橡胶管另一端将试样吸入黏度计中到达标线 b 处，同时注意黏度计中试样不能产生气泡或裂隙。之后将黏度计迅速倒置恢复正常位置。将管外壁所黏试样擦去，让试样自由流下。将管 7 处橡皮管套在管身 1 上，在管身 6 上套上软木塞以便将黏度计固定在恒温浴中。

(3) 将黏度计浸入事先准备妥当的恒温水浴中，必须使黏度计扩张部分 2 浸入一半，并用夹子将黏度计固定在支架上。将黏度计毛细管调整成垂直位置。

(4) 将恒温浴调节到规定的温度，在整个实验过程中实验温度必须保持恒定，误差为±0.1℃。

测量用温度计要利用另一只夹子来固定，务使水银球的位置接近毛细管中点处的水平面，并且使温度计上要测温的刻度只有10mm位于恒温浴的液面上。

使用全浸式温度计时，如果其测温度的刻度露出恒温浴的部分高于10mm，应按照下式计算温度计液柱露出部分的补正数 Δt，才能准确测量出液体的温度：

$$\Delta t = k \cdot h(t_1 - t_2)$$

式中 k——常数，水银温度计采用 $k=0.00016$，酒精温度计采用 $k=0.001$；

h——露出恒温浴液面的水银柱或酒精柱的高度，用温度计度数表示；

t_1——测定黏度时的规定温度，℃；

t_2——接近温度计液柱露出部分的空气温度，℃（用另一支温度计测出）。

实验时取 t_1 减 Δt 作为温度计上的温度读数。

装好油的黏度计在规定温度的恒温浴内经过如表 3-23 所规定的预热时间，才可开始测定。

表 3-23 黏度计在恒温水浴中的恒温时间

实验温度，℃	恒温时间，min
800、100	20
40、50	15
20	10
-50~0	15

（5）用橡皮球通过管身 1 所套着的橡皮管将试样吸入扩张部分 3，使油面稍高于标线 a 但不能高出恒温浴的液面，且毛细管和扩张部分的油样不能产生气泡或裂隙。让试样自动流下，当液面正好达到标线 a 时，启动秒表，当液面下降正好到达标线 b 时，停住秒表记录试样流经的时间 t（s）。在试样流动过程中，恒温浴中的液体要保持恒定温度。

（6）每个试样至少重复测定 4 次，并且各次流动时间与其算术平均数的差须符合：①在温度 100~15℃ 测定时，这个差值不应超过算数平均值的 ±0.5%；②在温度 15~-30℃ 测定时，这个差值不应超过算数平均值的 ±1.5%；（3）在温度低于-30℃ 测定时，这个差值不应超过算数平均值的 ±2.5%；

取不少于 3 次的流动时间所得算术平均值，作为试样的平均流动时间。

五、实验数据记录及处理

在温度 T 时，试样的运动黏度 ν_t（单位：mm^2/s）按下式计算：

$$\nu_t = C \cdot t \tag{3-88}$$

式中　C——黏度计常数，mm^2/s^2；

　　　t——试样平均流动时间，s。

表 3-24 常压下不同温度下黏度实验数据记录表

温度，℃	平均流动时间，s	常压实测值，mm/s^2	文献值，mm/s^2
50			
60			
70			
80			
90			

（1）重复性。同一操作者，用同一试样重复测定的两个结果之差，不应超过表 3-25

中数值。

表 3-25 重复性规定

测定黏度的温度，℃	100~15	15~-30	-30~-60
重复性，%	算术平均值的 1.0	算术平均值的 3.0	算术平均值的 5.0

（2）再现性。有不同操作者，在两个实验室提出的两个结果之差，不应超过标 3-26 中数值。

表 3-26 结果精度

测定黏度的温度，℃	100~15
再现性，%	算术平均值的 2.2

六、思考题

（1）运动黏度测定时如何选择合适的毛细管黏度计？

（2）结合实验过程，分析实验误差产生的原因，分析如何有效减少实验误差。

七、注意事项

（1）试样必须均匀并且不能有机械杂质，否则影响试样在黏度计中流动。

（2）吸油及测定过程中试样内均不得有气泡。

（3）液体黏度受温度影响大，测量过程中温度必须恒定。

（4）流动时间不能过短，否则液体在毛细管中无法保持层液状态。

（5）测量时黏度计必须处于垂直状态，否则会影响流动过程流动阻力。

高压流体黏度测定（落球法）

一、实验目的

（1）测量高压下液体黏度。

（2）观察液体黏度随压力的变化情况。

（3）观察高压下液体黏度随温度的变化情况。

二、基本原理

与本章第十一节"常压下流体黏度测定（落球法）"相同。

三、实验仪器及试剂

1. 实验仪器

实验装置由黏度计主体、控制箱、活塞釜、手摇泵组成。活塞釜和手摇泵用于向黏度计内进样并加至实验所需压力。黏度计主体内液体的温度以及小球落球时间由控制箱体显示，压力由外接压力表显示。

2. 实验试剂

丙三醇（A.R.）；水（A.R.）。

四、实验步骤

（1）开机前，连接外部管路并进样；在安全无泄漏的情况下，调节黏度计主体底脚螺丝，观察底盘上的水平仪，使水平仪中的气泡处于中心状态；用控制电缆连接线连接黏度计控制箱体与主体，通过USB线连接黏度计控制箱体与计算机。检查无误后，连接220V电源线并将电源插头插到电源上。

（2）测量过程与"常压下流体黏度的测定（落球法）"相同。

（3）通过手摇泵改变压力分别测量不同压力（1MPa、2MPa、3MPa、4MPa、5MPa）下的液体黏度。

（4）改变温度测量5MPa下不同温度下的液体黏度。

五、实验数据记录及处理

（1）记录落球时间，查找表3-27计算相应的黏度值。

（2）改变温度测量5MPa不同温度下液体的黏度值（表3-28）。

（3）将实验值与文献值进行对比，得到相对误差。

表3-27　50℃下不同压力下黏度实验数据记录表

压力，MPa	落球时间，s	50℃实测值，mPa·s
1		
2		
3		
4		
5		

表 3-28　5MPa 下不同温度下黏度实验数据记录表

温度, ℃	落球时间, s	5MPa 实测值, mPa·s
50		
60		
70		
80		
90		

六、思考题

（1）压力对该实验液体黏度有何影响？不同温度下压力对实验液体黏度影响程度如何？

（2）结合实验过程，分析实验误差产生的原因，并根据自己对实验的认识和理解，分析如何有效减少实验误差。

七、注意事项

（1）需确认系统温度稳定后才可以进行落球操作测量。

（2）遵守实验室相关安全规定和实验装置操作流程及要求。

高压下流体黏度测定（毛细管法）

一、实验目的

（1）学习高压下毛细管法测定运动黏度的方法。

（2）了解高压毛细管黏度计的基本构造和原理。

（3）观察高压下液体黏度随温度的变化情况。

二、基本原理

黏度为 η 的流体在内径为 r、长度为 L 的毛细管中层流稳定流动时的体积流速 Q 可根据泊氏公式计算：

$$Q = \frac{\pi r^4 (p_1 - p_2)}{8\eta L} \tag{3-89}$$

则通过测量管线中流体的流量 Q 以及两端的压差，便可以计算出流体在测试条件下的黏度 η。

三、实验仪器及试剂

1. 实验仪器

实验装置主要由高压毛细管黏度计、恒温烘箱、温度计组成，如图 3-34 所示。

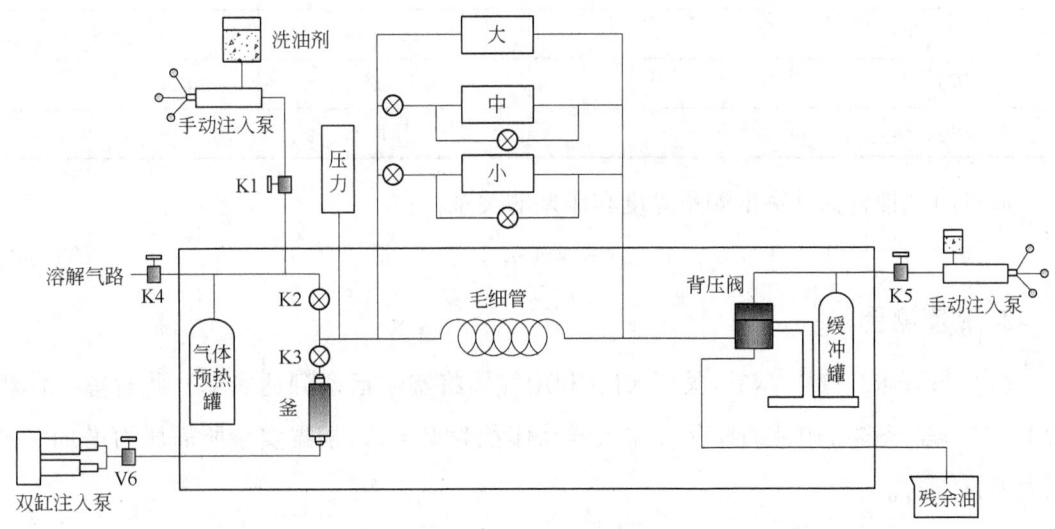

图 3-34 实验装置示意图

2. 实验试剂

丙三醇（A. R.）。

四、实验步骤

1. 设备标定

（1）预先估计将要测量的油品的黏度范围，准备 3~5 种已知黏度的标准液，标准液的黏度尽可能涵盖整个测量范围。将最小黏度的标准液倒入釜中，关闭 K1、K2，打开 K3。通过双缸注入泵以一定的流速驱动标准液在管线中流动（流速选择得小一些）。观察压差值，调节流量大小使标准液流动稳定时的压差到达最小压差传感器的量的一半左右。记录该流量作为设备使用流量 V_{const}，记录恒定时的两端压差 DP_1。之后清洗管线和釜体。

（2）按照黏度由小到大的顺序将第二种标准液倒入釜中，关闭 K2，打开 K3。通过

双缸注入泵以 V_{const} 的流速驱动标准液在管线中流动记录恒定时的两端压差 DP_2。清洗管线和釜体。

（3）重复步骤（2）依次按照黏度由小到大的顺序将第三、四、五种标准液倒入釜中。进行第三步，记录压差 DP_3、DP_4、DP_5。得到如下压差和黏度的表格（表3-29）。

表3-29 高压下毛细管黏度计标定实验数据记录表

DP_1，Pa		η_1，mm^2/s	
DP_2，Pa		η_2，mm^2/s	
DP_3，Pa		η_3，mm^2/s	
DP_4，Pa		η_4，mm^2/s	
DP_5，Pa		η_5，mm^2/s	

通过曲线拟合，计算出测量黏度和压差的关系：

$$\eta = f(DP) \tag{3-90}$$

2. 黏度测量

（1）打开 K2、K4、K3，关闭 K1，利用气体将釜中活塞到达底部，此时釜中体积为 V。打开釜盖向釜中注满样品。注入样品体积为 $V_d = V$。根据实验所需压力增加一定压力的背压 p_b。

（2）清洗釜体和管线，保证内部清洁。调节恒温箱温度，保证升温时间不小于1h，整个系统温度恒定。

（3）打开 K3，关闭 K2。通过双缸注入泵以与标定流速相同的恒定的流速 V_{const} 驱动样品在管线中流动，当流速和压力稳定时记录两端压差 DP，则可由公式（3-90）计算出样品的黏度 η。

（4）重复几次求平均值为样品黏度。

（5）改变温度重复2~4测量不同温度下试样的黏度。

五、实验数据记录及处理

根据标定拟合式 $\eta = f(DP)$，带入不同温度时测量的压差求得黏度，填入表3-30。

表3-30 高压下不同温度下黏度实验数据记录表

温度，℃	压差，Pa	黏度，mm^2/s	文献值，mm/s^2
50			
60			
70			

续表

温度, ℃	压差, Pa	黏度, mm^2/s	文献值, mm/s^2
80			
90			

六、思考题

（1）黏度计标定时选择多大流速合适？为什么？

（2）为什么标定时标准黏度液选取从小到大？

（3）结合实验过程，分析实验误差产生的原因，分析如何有效减少实验误差。

七、注意事项

（1）试样必须均匀并且不能有机械杂质，否则影响试样在黏度计中流动。

（2）液体黏度受温度影响大，测量过程中温度必须恒定。

（3）每次测量将管线清洗，保证测量时整个管线中都是同一试样，避免样品黏壁现象。

第十二节　气液界面张力测定

一、实验目的

（1）学习悬滴法表面张力测定方法。
（2）了解悬滴法测量表面张力的基本操作和原理。
（3）了解不同流体表面张力的差别。
（4）掌握液体和空气分别作为环绕相时表面张力的测量。

二、基本原理

悬滴法测量表面张力 γ 只需使用非常小体积的液体，并且可以测量非常低的界面张力值。在测量时液滴应具有合适的悬垂形状，以获得可靠的结果。在测量界面张力时，密度差和界面张力都会影响所需的液滴尺寸。根据经验，密度差越小，液滴越大。在表面张力和重力作用下，液滴呈拉伸状态，如图 3-35 所示。

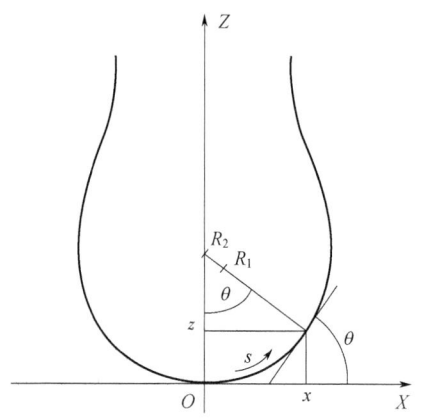

图 3-35　悬滴外形几何示意图

因此，对于已知密度的任何两种接触流体，可根据 Young—Laplace 方程测量表面张力或界面张力。

$$\gamma\left(\frac{1}{R_1}+\frac{1}{R_2}\right)=\Delta p \tag{3-91}$$

Bashforth 和 Adams 在 Young—Laplace 方程的基础上，对悬滴轮廓线上任意一点，由曲率半径几何和静力平衡关系，推导出了描述处于静力（界面张力对重力）平衡时的悬滴轮廓的方程式 Bashforth—Adams 方程

$$\gamma\left(\frac{d\theta}{ds}+\frac{\sin\theta}{x}\right)=\frac{2\gamma}{R_0}+\Delta\rho gz \quad (3-92)$$

式中，x 和 z 别为横纵坐标，s 为弧长，$\Delta\rho$ 为悬滴界面密度差，θ 为悬滴表面某点切线与 X 轴的夹角，R_0 为悬滴端点处的曲率半径，g 为重力加速度。

用 R_0 对 x、z 和 θ 进行无量纲化，即

$$X=\frac{x}{R_0}, Z=\frac{z}{R_0}, S=\frac{s}{R_0} \quad (3-93)$$

代入式(3-92)，可得

$$\frac{d\theta}{dS}=2+\beta Z-\frac{\sin\theta}{X} \quad (3-94)$$

由液滴图像可以得到几何关系

$$\frac{dX}{dS}=\cos\theta \quad (3-95)$$

和

$$\frac{dZ}{dS}=\sin\theta \quad (3-96)$$

其中

$$\beta=\frac{\Delta\rho g R_0^2}{\gamma} \quad (3-97)$$

式(3-94) 和式(3-95) 组成了关于轮廓点无量纲坐标的方程组。从式(3-94) 和式(3-95) 可以看出：当一个悬滴达到静力（界面张力与重力）平衡时，其轮廓可通过悬滴底端的曲率半径 R_0 和液滴的形状因子 β 来确定。反之如果确定了悬滴的轮廓上的每个点，则可以通过液滴轮廓拟合得 R_0 和 β，进而由式(3-97) 求得界面张力。在仪器测量过程中由高速相机拍取悬滴的图像，并通过软件将整个图像数字化。数字化后的图像由计算机进行图像处理，测定其整个悬滴轮廓的坐标。通过将获得的悬滴轮廓坐标拟合到描述悬滴轮廓的 Bashforth—Adams 方程中，就可得到形状因子 β。在已知界面两相的密度差和重力加速度的情况下，就可由 β 计算出界面的表/界面张力值 γ。

三、实验仪器及试剂

1. 实验仪器

实验装置如图 3-36 所示，主要由光源、石英样品池和高速相机、显微镜组成。石英样品池寸为 50mm×10mm×50mm，透明两通光。光源为单色蓝光源，通过旋转微量进样器顶端的微分头推动注射器活塞产生液滴/气泡。液滴/气泡图像通过显微镜放大后由

高速相机采集至计算机处理。

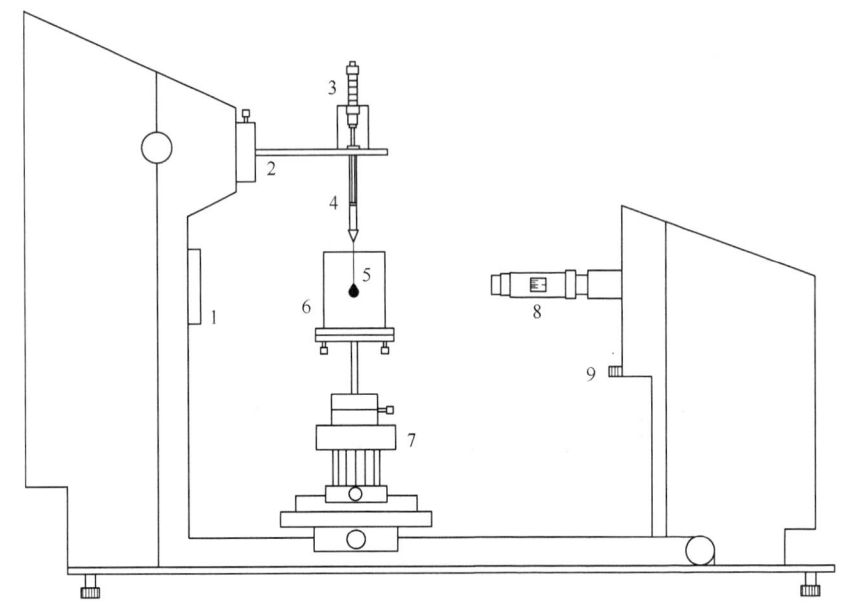

图 3-36　界面张力测量仪

1—光源；2—可调节支架；3—微量进样器；4—注射器；5—针头；
6—石英样品池；7—三维样品台；8—显微镜；9—显微镜调节旋钮

2. 实验试剂

去离子水；煤油；正癸烷。

四、实验步骤

（1）测量针头直径。使用数显千分尺测量针头顶端的直径，测量 4 次，每次旋转 90°，针头直径为 4 次测量的平均值。

（2）软件参数设定。将待测液体吸入针管中，之后把针管和针头装入卡槽中固定，打开界面张力仪，等到仪器发出蓝光后，在计算机上打开相对应的软件，在 Theta 栏中选择一个悬滴法测量，勾选"动态分析"，取消勾选"使用自动基准线"，再在 Total duration 中将记录时间调整至 30min，最后分别在 Light phase 和 Heavy phase 中分别输入轻组分（空气）的密度和重组分（去离子水、煤油、正癸烷）的密度。

（3）相机校准。先将针头调整至屏幕中央，之后调整显微镜的远近并配合相机镜头调焦，使针头显示得最为清晰，点击 Calibration invalid，再输入针头的直径，完成相机校准。

（4）气液表面张力的测量。转动滴液器，先挤出一滴液体，观察液滴的最大值，之后再挤出下一滴液体，比最大值略小 2~5μL，保证液滴能稳定保持半小时不掉落，点击录像，开始自动测量。

（5）测量结束。测量半小时结束后，更换针头针管，重新吸入待测液体，重复上述步骤，将水、煤油、正癸烷全部测量 3 次后，在 Analysis 栏完成曲线拟合和数据分析。

（6）实验数据采集及处理。分析结束后，点击 Generate Report，勾选全部便可得到此次实验数据的 PDF，使用 Excel 或 Origin 软件绘制表面张力与时间的图，最后保持稳定的值即为该液体与空气的表面张力。

五、实验数据记录及处理

1. 实验数据记录

实验数据记录如表 3-31 所示。

表 3-31　表面张力记录表

表面张力 \ 实验试剂	去离子水	煤油	正癸烷
第一组表面张力，mN/m			
第二组表面张力，mN/m			
第三组表面张力，mN/m			
表面张力平均值，mN/m			

2. 实验报告

将测量过程中的表面张力 ST 和时间 t 数据作图，举例如图 3-37 所示，得到表面张力动态变化图。根据曲线，确定待测液体的表面张力，并与文献值对比。

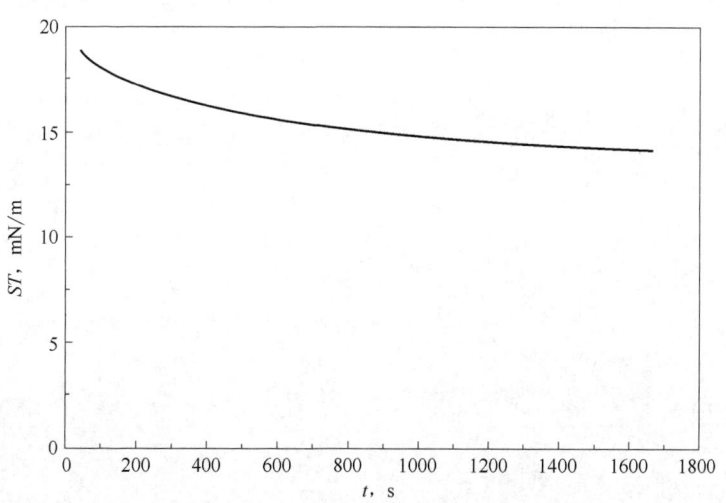

图 3-37　表面张力时间变化示意图

六、思考题

（1）动态表面张力随时间变化的原因是什么？

（2）如果最后表面张力没有趋于平稳，分析其原因并提出相应的解决方法。

七、注意事项

（1）进行实验时，请勿拍打桌面，避免液滴晃动甚至掉落，从而影响实验结果。

（2）每次调动显微镜的倍率时，都需要重新校准显微镜镜头，否则实验数据将会出现较大的误差。

（3）须等到仪器蓝光亮起时再打开软件，否则软件无法连接至表面张力仪。

（4）在组装针头针管时要小心，针头较细，避免针头扎伤。

第十三节　流体导热系数测定

稳态法测定流体导热系数

一、实验目的

（1）了解稳态法测量流体导热系数的原理。
（2）了解实验装置的结构和原理，掌握流体导热系数的测试方法。
（3）分析所测流体的导热系数随温度变化关系。

二、工作原理

稳态法，顾名思义，是指在待测液体的温度分布达到稳定后才进行测量的方法。其原理基于一维稳态传热下的傅里叶定律，如式(3-98)，通过直接测量热通量及温度梯度，计算出导热系数。

$$q = -\lambda \frac{\partial T}{\partial n} \mathbf{n} \tag{3-98}$$

式中　q——热通量，W/m^2；
　　　λ——比例系数，称为导热系数，$W/(m·K)$；
　　　$\mathbf{n}$——单位法向向量；
　　　$\frac{\partial T}{\partial n}$——$\mathbf{n}$方向上的温度梯度，$K/m$；
　　　负号——热量传递的方向指向温度降低的方向。

如图3-38所示，支撑物的上表面受一个恒定的热流强度q均匀加热：

$$q = Q/A \tag{3-99}$$

根据傅里叶单向导热过程的基本原理，单位时间通过平板试件面积A的热流量Q为

$$Q = \lambda \left(\frac{T_1 - T_2}{\delta} \right) A \tag{3-100}$$

因此导热系数λ为

$$\lambda = \frac{Q\delta}{A(T_1 - T_2)} \tag{3-101}$$

式中　A——试件垂直于导热方向的截面积，m^2；

　　　T_1——被测试件热面温度，℃；

　　　T_2——被测试件冷面温度，℃；

　　　δ——被测试件导热方向的厚度，m。

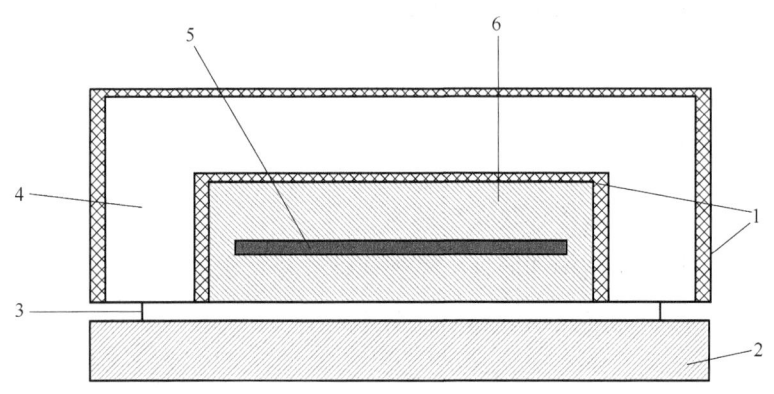

图 3-38　平板法热导结构图

1—防护加热器；2—下板；3—支撑物；4—防护板；5—加热器；6—上板

三、实验装置

实验装置如图 3-39 所示，主要由循环冷却水槽、上下均热板、测温热电偶及其温度显示部分、液槽等组成。

为了尽量减少热损失，提高测试精度，本装置采取以下措施：

(1) 设隔热层进行绝热，使绝大部分热量只向下部传导，上部热损失可以忽略。

(2) 为了减小和避免由于热量向周围扩散所引起的误差，取电加热器中心部分 (直径 $D = 0.15\text{m}$) 作为热量的测量和计算部分，相同电阻率的同根电阻丝在周边作为辅助加热。

(3) 在加热器底部设均热板，以使被测液体热面温度 (T_1) 更趋均匀。

(4) 设循环冷却水槽，以使被测液体冷面温度 (T_2) 恒定（与水温接近）。

(5) 被测液体的厚度 δ 是通过放在液槽中的垫片来确定的，为防止液体内部对流传热的发生，一般取垫片厚度 $\delta \leqslant 2 \sim 3\text{mm}$ 为宜。

四、实验步骤

(1) 将选择好相同厚度的三块垫片按等腰三角形均匀地摆放在液槽内（约为均热板接近边缘处）。

(2) 将被测液体缓慢地注入液槽中，直至淹没垫片约 0.5mm 为止，然后旋转装置

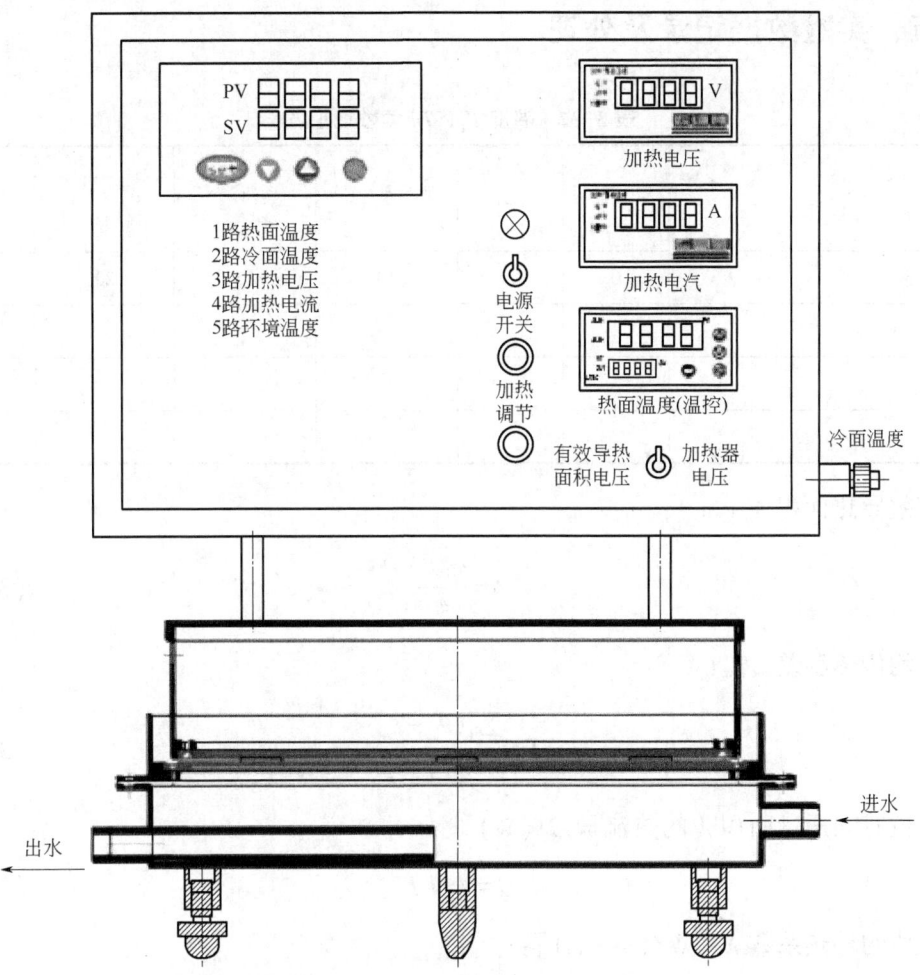

图 3-39 平板法导热系数测定装置图

底部的调整螺丝,并观察被测液体液面,使被测液体液面均匀淹没三片垫片。

(3) 将上热面加热器轻轻放在垫片上。

(4) 连接热电偶插头及水温测温线并插入水的进口和出口。

(5) 接通循环冷却水槽上的进出水管,并调节出水口阀门流量。

(6) 接通电源,推动电源加热开关,输入电压旋扭至其预定值(注意热面温度不得高于被测液体的闪点温度)。

(7) 每隔 5min 左右从温度数显器上记下被测液体冷、热面的温度读值(℃),并计算出各次的温差 $\Delta T = T_1 - T_2$。当连续四次温差值的波动 ≤ 1℃ 时,实验即可结束。

(8) 实验完毕后切断电源、水源。

【附】若发现 T_1 一直在升高(降低),可降低(提高)输入电压或增加(减少)循环冷却水槽的水流速度。

五、实验数据记录及处理

表 3-32　温度 T_1, T_2 读数记录表

项目＼序号	1	2	3	4	5	6
时间, min	0	5	10	15	20	25
T_1, ℃						
T_2, ℃						
ΔT, ℃						

有效导热面积 A （m²）：

$$A = \frac{\pi D^2}{4} \tag{3-102}$$

平均传热温差 ΔT （℃）：

$$\Delta T = \frac{\sum_1^4 (T_1 - T_4)}{4} \tag{3-103}$$

单位时间通过面积 A 的热流量 Q （W）：

$$Q = V_2 \cdot I \tag{3-104}$$

液体的导热系数 λ ［W/(m·K)］：

$$\lambda = \frac{Q\delta}{A \cdot T} \tag{3-105}$$

六、思考题

（1）分析误差出现的原因，提出减少误差的方法。

（2）如果所测试样中空气没有排除干净，对测试结果将产生什么影响？

七、注意事项

（1）实验时实验箱竖直方向摆放，实验箱的卡槽请勿卡得太紧，以便下一步操作。

（2）注意加热板温度，以防烫伤。

（3）遵守实验室相关安全规定和实验装置操作流程及要求。

瞬态热线法测量流体导热系数

一、实验目的

(1) 了解瞬态热线法测量流体导热系数的原理。
(2) 了解实验装置的结构和原理,掌握流体导热系数的测试方法。
(3) 分析所测流体的导热系数随温度变化关系。

二、基本原理

瞬态热线法的基本原理是通过测量探针温度随时间的变化,计算待测液体的导热系数。瞬态热线法的理想模型为无限大介质中的径向一维非稳态导热问题,具体为无限长的热线在无限大介质中处于初始热平衡状态下受到瞬间加热脉冲而引起的热传导过程。

此过程能量方程为

$$\frac{\partial T}{\partial t} = \frac{\lambda}{\rho C_p} \nabla^2 T \tag{3-106}$$

式中,T 为温度,℃;t 为时间,s;λ 为待测液体的导热系数,W/(m·℃);ρ 为待测液体的密度,kg/m³;C_p 为待测液体的比热容,J/(kg·℃)。

假设初始时刻的线热源与流体温度相同,记为 T_0,任意时刻任意位置的温升记为 $\Delta T(r,t)$,则有

$$\Delta T(r,t) = T(r,t) - T_0 \tag{3-107}$$

则方程 (3-106) 改写为

$$\frac{\partial \Delta T(r,t)}{\partial t} = \frac{\lambda}{\rho C_p} \nabla^2 T(r,t) \tag{3-108}$$

初始条件与边界条件如下:

$$\Delta T(r,t) = 0, t \leqslant 0 \tag{3-109}$$

$$\lim_{r \to \infty} \frac{\partial \Delta T(r,t)}{\partial t} = -\frac{q}{2\pi\lambda}, t \geqslant 0 \tag{3-110}$$

$$\lim_{r \to \infty} \Delta T(r,t) = 0, t \geqslant 0 \tag{3-111}$$

式中,q 为单位长度线热源的加热功率,W/m;r 为任意位置离线热源中心的径向距离,m。

假定各物性均为定量,运用拉普拉斯变换,得到方程 (3-106) 的解为

$$\Delta T(r,t) = \frac{q}{4\pi\lambda}\exp\left(\frac{r^2}{4\alpha t}\right) \tag{3-112}$$

$$E_1 x = \int_x^0 \frac{e^{-y}}{y}dy = -\gamma - \ln x + x + o(x^2) \tag{3-113}$$

其中，$\gamma = \ln C = 0.5772157\cdots$，为欧拉常数；$\alpha$ 为热扩散系数，$\alpha = \gamma/\rho C_p$，m^2/s。

当线热源为半径 r_0 的圆柱体，其表面温度均匀且与 $r = r_0$ 处的流体温度相同时，线热源的表面温升为

$$\Delta T(r,t) = \frac{q}{4\pi\lambda}\left(\ln\frac{4\alpha t}{r_0^2 C} + \frac{r_0^2}{4\alpha t} + \cdots\right) \tag{3-114}$$

当 r_0 足够小，t 足够长时，式(3-114) 中的二阶展开项 $r_0^2/4\alpha t$ 可以忽略，即

$$\Delta T(r,t) = \frac{q}{4\pi\lambda}\ln t + \frac{q}{4\pi\lambda}\ln\left(\frac{4\alpha t}{r_0^2 C}\right) \tag{3-115}$$

此式即为瞬态热线法测量导热系数的基本方程，通过实验绘出 ΔT_{id}—$\ln t$ 图，由斜率值、q 可算出导热系数

$$\lambda = \frac{q}{4\pi} \Big/ \frac{d\Delta T}{d\ln t} \tag{3-116}$$

三、实验装置

本实验装置采用型号为西安夏溪电子科技 TC4000E 的导热系数仪，还包括测试探针传感器、数据采集系统（主机主体）、温控系统（低温恒温槽）、记录监测系统、温度传感器、无纸记录仪，如图 3-40 所示。

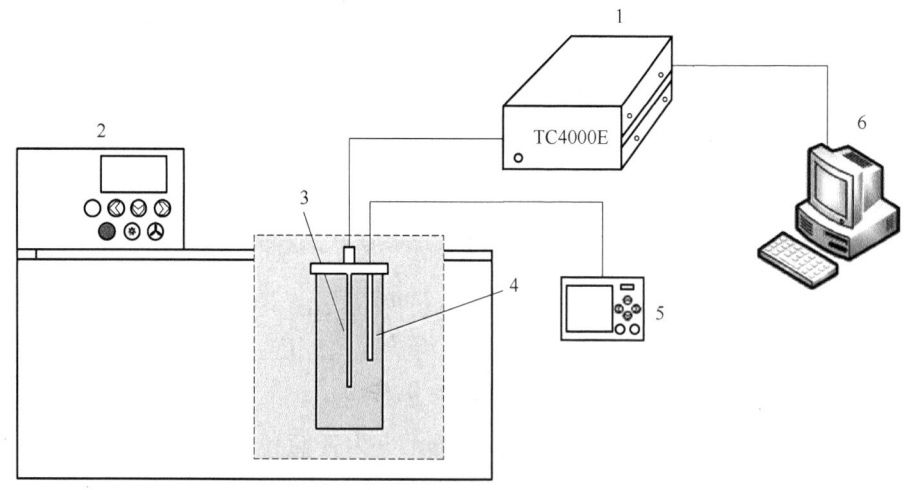

图 3-40　瞬态法导热系数测定实验装置图

1—数据采集系统；2—低温恒温槽；3—探针传感器；4—温度传感器；5—无纸记录仪；6—计算机

四、实验步骤

（1）连接导热系数仪、探针传感器、计算机。先打开导热系数仪的电源，再打开计算机的电源。

（2）将配制好的待测液体倒入烧杯中，将烧杯放入低温恒温槽中。

（3）将探针传感器竖直插入待测液体中，用铁架台固定，使探针传感器在保证距离盛装待测液体的容器底部至少2cm的前提下，尽可能多的插入待测液体中，减少暴露在空气中的部分。测量过程中保证探针传感器保持竖直并处于静止状态。

（4）打开低温恒温槽电源，设置好待测温度，利用低温恒温槽对待测液体进行加热并恒温。

（5）对待测液体和传感器的温度进行热平衡监测，通过监测待测液体的温度波动度判断温度是否达平衡，当波动度小于0.05mV/10min时可以开始进行导热系数测量。

（6）修改时间间隔为5min，重复次数为3，开始导热系数的测量。

（7）3次测量结束后，软件自动计算出3次导热系数测量结果和多次测量的偏差。

（8）改变低温恒温槽的设置温度，重复操作步骤（5）和（6），每个温度点取3次导热测量平均值，作导热系数随温度变化的曲线图。

（9）测量完成后，拔出与导热系数仪主机面板端口连接的探针传感器的插头，将探针传感器从待测液体中取出，并擦拭干净。

（10）关闭低温恒温槽的电源，再关闭导热系数仪主机面板的电源和计算机的电源。

五、实验数据记录及处理

记录实验数据，利用上述公式画图。

六、思考题

分析误差出现的原因，提出减少误差的方法。

七、注意事项

（1）实验前确认装置能顺利运行。

（2）探针传感器要与待测样品充分接触，以防曲线出现弯曲。

（3）遵守实验室相关安全规定和实验装置操作流程及要求。

参 考 文 献

[1] 陈光进,等. 化工热力学 [M]. 2版. 北京：石油工业出版社, 2018.

[2] 郭绪强. 化工实验综合教程 [M]. 北京：中国石化出版社, 2017.

[3] 郭天民,等. 多元气—液平衡和精馏 [M]. 北京：石油工业出版社. 2002.

[4] 柯水林. 注气混相驱最小混相压力的实验及模型化研究 [D]. 北京：石油大学（北京）, 1989.

[5] 楚纪正, 卞凤鸣, 陈琴仪. 凝析气藏流体相态行为的实验研究 [J]. 石油大学学报（自然科学版）, 1994, 18（4）：7.

[6] 王金虎, 罗海南, 夏雁青, 等. 一种新的测定偏摩尔体积方法探究 [J]. 山东化工, 2021（50）：101-104.

[7] 臧婷婷, 石文涛, 王志超, 等. 偏摩尔体积的计算及应用 [J]. 化工时刊, 2017（32）：35-40.

[8] 王立格. 醋酸水溶液中偏摩尔体积的测定 [J]. 广西师范大学学报（自然科学版）, 1995（4）：79-82.

[9] 李杨, 谢远伟. 偏摩尔体积对乙醇汽油计量的影响 [J]. 计量与测试技术, 2015, 42（12）：48-49.

[10] 王存文, 余传波, 陈文, 等. 超临界氨合成体系的组分偏摩尔体积的计算 [J]. 化工学报, 2006, 57（7）：1503-1507.

[11] 何云腾, 张健, 李华, 等. 比较振荡管法和比重瓶法测定15~80℃原油视密度换算标准密度的研究 [J]. 计量学报, 2022, 43（5）：629-635.

[12] 王文祥, 唐玉华. 振荡管式密度计测量精度的影响因素分析 [J]. 分析仪器, 2020（1）：64-66.

[13] 张宁, 张燕红, 李琼. 石油标准密度简便换算方法研究与实践 [J]. 广州化工, 2020（3）：122-124.

[14] 廖勇前. 毛细管黏度计在测量非牛顿流体黏度中的使用方法和注意事项 [J]. 河南科技, 2013（11）：51.

[15] 罗敏, 司徒振明. 液体界面张力的测定方法——悬滴法 [J]. 材料工程, 1989（2）：23.